Christine Kaniak-Urban

Jedes Kind hat seine Stärken

Typgerecht erziehen,
seelische Nöte erkennen,
Kompetenzen fördern

Kösel

Meiner Mutter

ISBN 3-466-30483-0
© 1999 by Kösel-Verlag GmbH & Co., München
Printed in Germany. Alle Rechte vorbehalten
Druck und Bindung: Ebner, Ulm
Umschlag: Kaselow Design, München
Umschlagfoto: IFA-Bilderteam/J. Heron
Fotos: Heidi Velten, Isny im Allgäu

2 3 4 5 · 03 02 01 00 99

Gedruckt auf umweltfreundlich hergestelltem Werkdruckpapier
(säurefrei und chlorfrei gebleicht)

Inhalt

Einleitung:
Über die Entstehung
dieser Kindertypologie

Der Dominik (die Mareike) ist ein Kuckucksei in unserer
Familie!« Diesen Satz habe ich als Schulpsychologin
und Kindertherapeutin in vielen Variationen von Eltern gehört.
Dabei waren die Umstände des Kindes oder Jugendlichen und
seiner Familie sehr unterschiedlich: Die Klage, resigniert, wütend oder verzweifelt, kam von beiden Elternteilen, vom allein
erziehenden Vater oder wie in den meisten Fällen der allein
erziehenden Mutter, von einer neuen Familie mit Stiefvater
oder Stiefmutter oder auch von den Pflegeeltern. Immer jedoch
standen die Erwachsenen der Art, in welcher das Kind versuchte, sein Leben zu bewältigen, verständnislos gegenüber. Sosehr
sie sich um Einfühlung bemühten, ihre Lebenserfahrungen,
ihre Erziehungsziele, ihr Lebensstil reichten nicht aus, das Kind
zu verstehen. Es war, als lebten Eltern und Kind in verschiedenen Welten.

Da gab es den lebhaften Dominik, der sich ständig mit
Freunden verabredete und mehr im Fotolabor oder auf dem
Fußballplatz zu finden war als bei den Hausaufgaben. Von
Pünktlichkeit bei Verabredungen hielt er wenig. In der Schule
wurden die Eltern von der 1. Klasse an mit Klagen empfangen,
und sie fühlten sich zunehmend schuldbeladener. Dabei stand
die Schule als Lebensort im Mittelpunkt des elterlichen Lebens.
War der Vater selbst doch Lehrer und die Mutter Sekretärin an

einer Schule. Für beide standen Pflichterfüllung und ein geord-
netes Leben an oberster Stelle. Und sie bemühten sich nach
Kräften, ihre Kinder auf diese Werte hin zu erziehen. Was bei
den beiden älteren Kindern gelungen war, schien bei Dominik
zum Scheitern verurteilt. Als die Mutter eines Tages vor der Tür
des Volkshochschulkurses für autogenes Training, der von der
Lehrerin dringend empfohlen worden war, auf Dominik warte-
te, hörte sie von einer anderen Mutter den Satz: »Der schreckliche Dominik! Das ist *Ihr* Sohn!« In diesem Augenblick schien
eine Welt zusammenzubrechen, und die Mutter suchte die
schulpsychologische Beratungsstelle auf.

Da gab es aber auch die verträumte, scheue Mareike, die am
liebsten zu Hause blieb und mit ihrer engsten Freundin mit
Barbiepuppen spielte und sich »unendliche Geschichten« aus-
dachte. Mareike lebte in einer sehr aktiven Familie mit vielen
Kontakten. Die Mutter war eine begeisterte Reiterin und ihr
zweiter Mann leitete eine Reitschule. Mareike hatte Angst vor
Pferden und große Sehnsucht nach Ballettstunden, nachdem sie
an Weihnachten den *Nussknacker* auf der Bühne hatte sehen
dürfen. Ballett aber war nach Ansicht ihrer Eltern ein albernes
Herumhüpfen, das wenig Anstrengung erforderte und nicht ernst
genommen werden konnte. Was ihren jüngeren Geschwistern
spielend gelang – auf Reitjagden den begehrten Fuchsschwanz
zu erjagen, beim Schwimmwettbewerb auf dem Podest zu stehen, bei Abfahrtsläufen die Piste hinunterzupreschen –, Mareike
verweigerte sich. In der Familie galt sie als Angsthase, und ihre
guten Noten in Deutsch bewunderte niemand, bis sie in Mathematik versagte und der Stiefvater in der Schule auf das häufige
Fehlen wegen Migräneanfällen und die zunehmende Schüchternheit seiner Ziehtochter aufmerksam gemacht wurde.

In all diesen Fällen fühlte ich mich aufgerufen, den Eltern
oder auch den Lehrern und Lehrerinnen vom Wesen und der
Welt dieser Kinder zu erzählen. Ich wurde zum Anwalt des
Kindes und bemühte mich nach Kräften, dessen Position zu

vertreten und den Erziehungspersonen kundzutun, durch welche Brille Dominik oder Mareike die Welt sahen, welche besonderen Begabungen sie hatten und was sie zu ihrer Entwicklung brauchten.

Gemeinsam mit den Beteiligten suchte ich in der Familiengeschichte nach Menschen, die ähnlich wie das Kind gewesen waren oder heute noch sind. Dabei gelang es häufig, wieder Entwicklungshoffnung zu wecken. Da fand sich zuweilen ein Onkel, der den intellektuellen Familienpfad verlassen hatte und als Leiter einer Tanzschule glücklich geworden war, oder es gab eine Tante, die nicht geheiratet hatte und als Ersatzmutter zufrieden in einem Kinderdorf lebte und begonnen hatte, Kinderbücher zu schreiben. Auf solchen Forschungsreisen in die Großfamilie traten aber oft auch die Katastrophenängste der Eltern deutlich zutage. Da gab es die Cousine, der das Kind ähnelte, und die in die Drogenszene geraten war, den Onkel, der sich von der Familie losgesagt hatte und als verschollen galt, oder der bis heute anhaltende Zwist zwischen den Großeltern und ihrer ältesten Tochter vergiftete die gesamte Familienatmosphäre. Die eigene Angst hatte die Eltern blind gemacht für die Fähigkeiten ihres Kindes. Sie hatte ihre Versuche verstärkt, das Kind von dem verhängnisvollen Weg des identifizierten Familienmitglieds abzubringen mit der Folge, dass das Kind sich immer weniger verstanden fühlte, immer weniger die Unterstützung bekam, die es zu seinem Wachstum brauchte, und schließlich »verhaltensauffällig« wurde.

Auf ähnliche Schwierigkeiten stieß ich bei Lehrern und Lehrerinnen. Es gibt Kinder, welche aufgrund ihrer Persönlichkeitsstruktur die Normen und Werte des Schullebens vehement attackieren. Sie sind sozusagen das Kuckucksei im Schulsystem. Ein solches Verhalten bereitet denen, die für das Schulleben Verantwortung tragen und durch solche Attacken sich häufig persönlich angegriffen fühlen, großes Unbehagen. Einfühlsame Lehrer und Lehrerinnen suchen auch Hilfe, wie sie in der Klassengruppe dem einzelnen Kind besser gerecht werden und die Eltern beraten können. Auf der anderen Seite verwehrt die Erleichterung über das Funktionieren der angepassten Kinder zuweilen die Sicht auf die Sackgassen, in welche solche Kinder geraten können. Eine Kindertypologie ist geeignet, den diagnostischen Blick im Klassenzimmer zu schärfen. Wie aber entwickelte sich ein solches Modell?

In meinen Bemühungen, Eltern und Lehrern die subjektive Logik im Denken, Fühlen und Handeln einzelner Kinder sowie ihre Kompetenzen und Nöte zu erklären, benützte ich Bilder. Sie dienten mir als »Übersetzungshilfe« und zur Veranschaulichung komplizierter psychologischer Theorien. Ich sprach zunächst von der »scheuen Elfe«, dem »Abenteuer suchenden Stuntman«, vom »kleinen Forscher«, der alles ganz genau wissen wolle, oder vom »braven Kind«.

Auf diese Weise entstanden erste Kindertypen, bei denen mir am Herzen lag, den Erwachsenen in der Beratung von den Fähigkeiten dieser Kinder zu erzählen, welche in Krisenzeiten uns oft sehr versteckt begegnen. Ich hatte entdeckt, dass bestimmte Kindertypen einen Lebensstil praktizieren, der sie zu Experten auf bestimmten Lebensgebieten macht. Und ich hatte immer wieder erfahren, dass der Selbstwert der Kinder sehr gekräftigt wurde, wenn sie sich in ihrem Expertentum angeschaut und wertgeschätzt wussten. Ihr seelisches Immunsystem erhielt eine Stärkung, wozu nicht zuletzt auch die Bewältigung der Krise beitrug, in welche sie geraten waren. Ich entdeckte aber auch, dass Kinder in schwierigen Lebenssituationen sehr unterschiedliche Hilfe benötigen. Brauchte zum Beispiel das eine Kind mehr Nähe und Wärme, so suchte das andere nach neuen Angeboten für Aktivitäten und wieder ein anderes wollte vorrangig verstehen, was sich mit ihm ereignete. Ich begann, den Kindern Geschichten zu erzählen, die auf ihren Typus und das Stadium zugeschnitten waren, in dem sie sich im Prozess der Krisenbewältigung befanden.

Meine Kindertypen waren zu diesem Zeitpunkt noch sehr subjektiver Natur und einzig aus meiner persönlichen Erfahrung in der Beratung und Therapie mit Kindern gewonnen. Sie entbehrten noch eines theoretischen Fundaments. Ein solches wurde mir schließlich auf einem gestalttherapeutischen Seminar zur Kinderpsychologie in den USA angeboten. Ich lernte die Temperamentenlehre von Keirsey und Bates[1] kennen sowie Material amerikanischer Schulpsychologen zur pädagogisch-therapeutischen Arbeit mit Kindern in Krisen,[2] das auf diesen Temperamenten aufbaute. Die amerikanischen Autoren hatten ihre Typologie auf dem Hintergrund der Persönlichkeitspsychologie C.G. Jungs entwickelt, und sie wurde in den USA vor allem in der Unternehmensberatung eingesetzt. Ich erweiterte diese Typen durch entwicklungspsychologische Befunde und adaptierte sie für Kinder.

Mein Anliegen ist es, Eltern und Erziehern ein Raster an Persönlichkeitsbildern von Kindern an die Hand zu geben, das Hilfe im Erziehungsalltag anbietet. Die idealtypischen Kinder ermöglichen, dass Kinder zu Hause und in der Schule Unterstützung erfahren durch:

1. Bewusstmachen ihres Lebensstils (Kindertypus),
2. Erkennen ihrer Fähigkeiten und Kompetenzen,
3. Individuelle Hilfen im Unterricht und beim Lernen,
4. Verstehen ihrer Notsignale in Alltagskrisen,
5. Angebote zur Linderung der Not (Entspannungsübungen, Phantasiereisen, Lehrgeschichten usw.),
6. Stärkung ihres seelischen Immunsystems.

Kindertypen sind Lebensstile, mit denen das Kind auf die Angebote seiner Umwelt in seiner Art und Weise antwortet, sich aber auch durch seine Art der Antwort entwickelt und seinen Typus in Erscheinung treten lässt. Kindertyp und Lebenswelt stehen immer in Wechselwirkung.

In einem ersten Teil dieses Buches möchte ich deshalb die schwierigen Einflüsse beschreiben, denen Kinder in ihrer Lebenswelt heute ausgesetzt sind, und ihre oft verzweifelten Reaktionen der Bewältigung. Ich werde aber auch einem Entwicklungsmodell folgend Wege zur Stärkung des Selbstgefühls von Kindern allgemein aufzeigen. Auf diesem Hintergrund treten die Kindertypen deutlicher in Erscheinung und sie können in ihrer Persönlichkeitsstruktur leichter verstanden werden. Das vorgestellte Entwicklungsmodell erklärt nicht nur manche Verhaltensauffälligkeiten von Kindern und gibt Hilfen für die Selbstentwicklung, es führt auch entwicklungspsychologische Aspekte ein, die zum Verständnis des Lebensstils von Kindern hilfreich sind.

Dieser erste Teil des Buches enthält wie der zweite, der sich speziell der Kindertypologie widmet, eine Fülle praktischer Übungen, die theoriegeleitet entworfen wurden und sowohl dem Kind zu Hause wie in der Kindergruppe in Freizeit und Schule angeboten werden können.

Die Ozonschicht für Kinder ist dünn geworden

Gedanken zur veränderten Kindheit

Was uns Kinder zeigen

Lehrer und Lehrerinnen klagen über Unruhe und Leistungsverweigerung der Kinder, schulpsychologische Beratungsstellen haben lange Wartelisten und die Praxen der Kinder- und Jugendtherapeuten sind überfüllt. Kinder zeigen vermehrt Symptome einer Stressbelastung, wie sie auch bei Erwachsenen zu beobachten sind: Erschöpfungszustände, Nervosität und Unruhe, aber auch chronische Erkrankungen wie Allergien, die mit einer Überforderung des Immunsystems zu tun haben, nehmen zu. Immer häufiger kommen Kinder mit körperlichen Erkrankungen in die psychologische Beratung, die auch seelische Ursachen haben. Wir sprechen dann von psychosomatischen Krankheitsbildern wie Kopfschmerzen, Schlaflosigkeit und Bettnässen.

Auch Leistungsversagen wie Lese-Rechtschreib-Schwierigkeiten, die unter anderem auf dem Hintergrund einer mangelhaften Entwicklung der Wahrnehmungsfunktionen beruhen können, diagnostizieren wir an der schulpsychologischen Beratungsstelle immer häufiger. Die Kinder haben Probleme mit der Koordination von Auge und Hand, sie haben schon im Kindergarten nicht gemalt, in der Schule ist ihre Schrift krakelig und zuweilen unleserlich, sie können einzelne Laute nicht aus dem Fluss der Sprache herauslösen und sie haben dasselbe Problem bei den Buchstaben. Aus diagnostischen Gesprächen kann man rekonstruieren, dass solche Kinder schon früh sich nur unter großen Schwierigkeiten im Raum orientieren konnten. Die Jugendämter geben inzwischen Unsummen aus, um diesen Kindern Eingliederungshilfe zu ermöglichen.

Während die Jungen ihre Belastungen vermehrt nach außen abreagieren, bei Enttäuschungen und Frustrationen rasch die Kontrolle verlieren, brüllen oder ständig in Raufereien verwickelt sind, reagieren die Mädchen eher nach innen oder agieren verdeckt im Beziehungsfeld. Sie ziehen sich zurück und entwickeln vermehrt psychosomatische Symptome. Jungen und Mädchen greifen aber gleichermaßen zu Arzneimitteln, zu Drogen und Zigaretten.[3]

Der Schonraum der Kindheit scheint verschwunden zu sein. Was der große amerikanische Erzieher, Neil Postman, vor mehr als zehn Jahren vorausgesagt hat,[4] ist mittlerweile eingetreten: Die Kindheit als ein Raum des Nachahmens, des folgenlosen Ausprobierens und des von den Erwachsenen geleiteten Suchens nach dem, was richtig und was falsch ist, verschwindet. Ohne die Schutzhülle eines stabilen Selbstgefühls werden Kinder heute früh in eine Welt entlassen, die gekennzeichnet ist von denselben Merkmalen der Erwachsenenwelt: Hektik, Wettbewerb, Unsicherheit in den nahen Bindungen und ein häufiges Herausgerissenwerden von Orten und Personen, wenn erste Verwurzelung begonnen hat.

Dazu kommt, dass auch die Lebensphasen und die Rollen im Leben für Kinder nicht mehr klar voneinander getrennt sind. Es gibt auch keine festen Vorschriften wie man sich als Kind, Freund, Partner, Ehemann oder Ehefrau, Vater oder Mutter, Großvater oder Großmutter zu verhalten hat. Immer häufiger gibt es Kinder, welche die verwaiste Rolle des fehlenden Vaters oder der fehlenden Mutter einnehmen und früh zum »Partner« werden. Sowohl in ihrer Wortwahl wie in ihren Gesten bemühen sie sich, den leeren Platz einzunehmen.

Der neunjährige Michael bekam in der Schule Schwierigkeiten, als sein Vater vor drei Monaten die Familie verlassen hat. Als die Mutter weinend die Organisation von Michaels Geburtstagsfest bespricht und dabei sagt, dass es ihr so schwer falle, bei dieser Gelegenheit wieder mit ihrem Mann zusammenzutreffen, da legt Michael tröstend den Arm um sie und meint: »Mama, wir beide schaffen das schon!«

Aber auch der Übergang vom Kindergarten in die Schule, der Eintritt in die Pubertät oder ins Berufsleben sind nicht mehr klar gekennzeichnet – in allen Lebensabschnitten verwischen sich die Konturen. Kinder werden früh zu Erwachsenen, und Erwachsene leben nicht selten bis zu ihrem 30. Lebensjahr im »Hotel Mama«. Es gibt keine eindeutigen Vorstellungen mehr, wann welches Verhalten angebracht ist. Kinder und Heranwachsende wissen nicht mehr, wann sie die Tür zu einem neuen Lebensabschnitt mit neuen Anforderungen durchschreiten. Und es fehlen Rituale, diese Schwellen zu markieren.

Kinder machen sich intensiv Gedanken, wie sie die Welt schützen und erhalten können, in der sie leben. Gibt man ihnen Satzanfänge zur Bearbeitung, dann äußern sie beim Stichwort »die Welt« in der Mehrzahl nicht mehr hoffnungsvolle Gedanken wie »... ist schön« oder »... da leb ich gern«, sondern immer häufiger tauchen Sätze auf, welche die Sorgen der Kinder über den Erhalt dieser Welt ausdrücken: »... geht immer mehr kaputt« oder »... da muss man was tun, damit sie bestehen bleibt.«

Die Ozonschicht der Kinder ist dünn geworden, und ihr seelisches Immunsystem bedarf der Stärkung. Da sie sich noch weniger als Erwachsene durch ihr Selbstbewusstsein oder auch durch eingeübtes Abwehrverhalten schützen können, spiegeln sich in ihrem Körper, ihrer Seele und ihren Gedanken die Anstrengungen der Organisation ihres Lebens. Kinder reagieren wie Seismografen auf die Einflüsse ihrer Lebenswelt.

Was auf Kinder einwirkt

Die Oberflächenwelt – eine Welt ohne Sinn

Zwei Beispiele, eines aus einer Kindertherapiestunde und ein anderes aus einer Tageszeitung, sollen uns hinführen in die Lebenswelt der Kinder von heute.

»Ich quäle dich und bleibe dabei völlig cool.«
Patrick, 8 Jahre, wiederholt in mehreren Stunden stereotyp folgendes Rollenspiel: Mir weist er die Rolle des Bankräubers zu, Patrick als Polizist inszeniert für den Bankräuber ein Martyrium. Der Bankräuber wird gefesselt, muss im Gefängnis frieren und hungern, er wird erstochen und erdrosselt. Ungerührt und ohne sichtbare innere Beteiligung, sozusagen »kalt« vollzieht Peter die Torturen. Sein Spiel ist Action pur.

»Ich möchte wissen, wie sich das anfühlt, wenn einer sich erhängt.«
»Weil er offenbar herausbekommen wollte, was zum Tode Verurteilte beim Erhängen fühlen, hat sich ein 12jähriger Junge ... selbst stranguliert. Die Familie hatte im Fernsehen einen Bericht über eine Hinrichtung in den USA gesehen, bei der ... ein Häftling gehängt worden war. Die Eltern fanden den Zwölfjährigen später tot im Keller; er hatte sich mit einem Nylonseil an einem Heizungsrohr aufgehängt.«[5]

Was haben diese Begebenheiten mit so unterschiedlichem Ende gemeinsam? Was unterscheidet sie? In beiden werden grausame Handlungen ausgeführt, im einen Fall jedoch bleibt das Kind kalt und unbeteiligt, im zweiten sucht es selbst nach existenziellem Beteiligtsein und stirbt dabei. Das Kind versucht die ihm am Bildschirm verschlossene Handlung in der Wirklichkeit zu erleben – mit tödlichem Ausgang. Das abstrakte Medienwissen wandelt das Kind in leibliches Wissen um.

Damit das Kind verstehen kann, was es tut, um die unverständliche Bildschirmhandlung für das Kind mit Sinn zu erfüllen, versuchen Therapeuten in der sicheren »Realität« des Spiels das Kind vom unbeteiligten Zuschauer zum beteiligten Mitspieler zu führen. Der Therapeut markiert und benennt die Wirklichkeit, indem er körperliche Nähe herstellt (er rückt dem Kind körperlich nahe), das Geschehen wird benannt (»Mir quellen jetzt die Därme heraus«), er artikuliert die Gefühle (»Ich habe Angst, es tut so weh«). Auf diese Weise wird die Bildschirmrealität ohne reale Konsequenzen durch Probehandeln in eine leiblich-sinnliche Realität übertragen. Das Kind muss nicht mehr in der Realität nachprüfen, was der Bildschirm ihm verwehrt.

Das Verschwinden der Kindheit scheint heute begleitet zu sein von einem Verschwinden des Selbst-Beteiligtseins der Kinder mit allen Schichten ihres psychischen Organismus, der sinnlich-körperlichen Erfahrung, der Gefühle und des Denkens. In der Psychologie spricht man auch von einem Verschwinden der Handlung als Mittler zwischen Kind und Welt.[6] In vielen Publikationen wird auf die Verringerung realer Handlungsmöglichkeiten und konkreter leib-sinnlicher Erfahrungen für Kinder und das Verkümmern von Spielhandlungen aufmerksam gemacht, sowohl durch die Wohn- und Lebenssituation von Kindern wie den immer größeren zeitlichen Raum, den die Beschäftigung mit audiovisuellen Medien im Leben der Kinder einnimmt. Dorothea Dieckmann spricht von einer Oberflächenwelt, die den Kindern nur Schein-Realitätserfahrungen vermittelt und die ihr Geheimnis nicht preisgibt.[7] Ihre Vorderseite heißt »Fun«, ihre Rückseite dagegen Langeweile.

Die elfjährige Anna kommt wegen Konzentrationsstörungen in die Therapie. Anna geht zwar immer wieder auf die Spielsachen zu, nimmt sie zuweilen auch in die Hand, aber stellt sie dann wieder mit ausdruckslosem Gesicht zurück. Lege ich ihr Gegenstände wie Malutensilien, Ton, Musikinstrumente buchstäblich in den Weg, dann steigt sie gelangweilt darüber oder geht um sie herum. Ihre Botschaft heißt: Lohnt nicht!

Anna ist weder traumatisiert durch einschneidende Kindheitserlebnisse, noch ist sie von ihren Eltern grob vernachlässigt. Sie lebt vielmehr in einem schönen Haus, hat ein eigenes Zimmer, einen eigenen Fernsehapparat und einen eigenen PC. Ganz zu schweigen von der Stereoanlage. Anna ist ausgestattet mit allem, was ein Kind heute zu brauchen scheint. Sie bricht nur den Kontakt zu den Dingen ab, bevor es zu einer Begegnung gekommen ist, durch die sie neue Erfahrungen machen könnte.

Der Erfahrungshunger der Kinder bleibt ungestillt, weil das Gesehene auf dem Bildschirm zwar berührt, sie es aber nicht berühren können und es den Kindern verwehrt wird, in das Geschehen sinnlich-konkret einzugreifen. Zwar sind sie durch das Ein-, Um- und Ausschalten vordergründig allmächtig, sie bleiben jedoch auch ohnmächtig, weil andere für sie handeln.

Weil die Lebenswelt das Kind nicht mehr erreicht, weil es Erfahrungen nicht mehr mit Sinn besetzen und dadurch in sein Selbst einordnen kann, ist es der Möglichkeit beraubt, Modelle der Welt aufzubauen, in denen neue Erfahrungen ihren Platz finden. Die Persönlichkeitsentwicklung stagniert. Wer aber keinen Kontakt mehr zu den Dingen und Themen seiner Lebenswelt herstellen kann, der kann weder spielen, noch kann er sich im Unterricht mit den angebotenen Themen beschäftigen. Er wird nach kurzer Zeit den Stift fallen lassen und dann entweder innere Welten aufsuchen, die ihm verständlich sind, oder aber von Gegenstand zu Gegenstand springen, immer in der Hoffnung, endlich den Kontakt herzustellen, der für die eigene Entwicklung so dringend benötigt wird.

Die Echowelt – eine Welt ohne Halt

Bezieht sich die Oberflächenwelt auf die Wahrnehmung der Welt und das Wissen der Kinder über dieselbe, so die Echowelt auf ihre soziale Erfahrung. Das Echo wirft nur die eigenen Äußerungen zurück, es gibt keine Antwort auf Fragen, es gibt keine Hinweise, wie man in der Welt funktionieren soll, und es errichtet keine schützenden Mauern. Dorothea Dieckmann vergleicht das Verhalten der Erwachsenen mit einer Gummiwand, an der die Vorstöße der Kinder abprallen und welche die Ohmachts-Allmachts-Erfahrungen der Kinder beim Umgang mit den Medien fortsetzt. Es waren jedoch erst die steigende Zahl jugendlicher Drogentoter und die spektakulären Gewalthandlungen Jugendlicher gegen Ausländer, welche die öffentliche Meinung aufrüttelten und auf den »gefährlichen Mangel an Erziehung«[8] hinwiesen.

Auswirkungen der veränderten Familienverhältnisse

Kindheit – oder was wir heute dafür halten – ist gekennzeichnet durch viele gegensätzliche Merkmale, die ein Bündel an Widersprüchen in sich tragen, mit denen Kinder fertig werden müssen. Sie ereignet sich nicht mehr in vorgezeichneten Bahnen, teilnehmend an den Handlungen der Erwachsenen und gestützt durch verbindliche Erziehungsvorstellungen. Die Lebensspanne der so genannten Kindheit ist zu einer komplizierten Aufgabe geworden.

Unter den für die Erziehung zuständigen Personen ist es immer noch in erster Linie die Familie, welche entscheidenden Einfluss auf die Persönlichkeitsentwicklung unserer Kinder hat. Die Organisation des Familienlebens um Arbeitsort und Arbeitszeit der Eltern sowie das Aufsuchen verschiedener päda-

gogischer Inseln bringen aber Hektik und Stress in den Tageslauf von Kindern. Manche Kinder werden täglich an drei Plät-
zen versorgt, und sie müssen viel Organisationsarbeit selbst
leisten. Ihre erschöpften Eltern sind häufig nicht mehr in der
Lage, ihnen Ansprechpartner zu sein. Die Kinder haben deshalb wenig Gelegenheit, ihre Erfahrungen im Gespräch zu
verarbeiten.

Problematisch für Kinder sind auch die vielfältigen Famili-
enformen, die sich nach der Wiederaufnahme von neuen Le-
bensgemeinschaften der Eltern nach Trennungen bilden. Diese
Beziehungen sind häufig belastet und kompliziert und lösen
mannigfache und verwirrende Gefühle in Kindern aus. In ihnen muss ständig neu um die Lebensform gerungen werden,
und Bemerkungen wie: »Hau ab, du bist nicht meine Mutter!«
oder »Verpiss dich, du bist nicht mein Vater!« sind in Stieffa-
milien bei allem Bemühen keine Seltenheit.

Das Leben von Kindern ist immer mehr gekennzeichnet
durch soziale Entkoppelungsprozesse. Kinder leben in einer
Welt der »-losigkeiten«, die hervorgerufen werden durch die
Abnahme von Dauerhaftigkeit familialer und außerfamilialer
Beziehungen, in denen Ankopplung selbst geleistet werden
muss. Diese Entkoppelungen werden mit verursacht durch
eine Trennung der Eltern genauso wie durch einen Umzug
oder den Wiedereintritt der Mutter ins Berufsleben. Die Sehnsucht der Kinder nach stabilen, verlässlichen Beziehungen zu
Dingen und Menschen wird immer wieder enttäuscht. Beziehungen sind frei schwebend geworden, und Kinder müssen in
ihren Beziehungen Umbrüche bewältigen, in deren Prozess
die alten Beziehungsnetze sich immer wieder auflösen und die
Notwendigkeit erwächst, neue Netze zu knüpfen und in eigener Regie zu gestalten.

Kinder sind in ihrem Alltag gezwungen, vielfältige Krisen zu
bewältigen. Dabei erfahren sie wenig Hilfe von ihren Eltern
und noch weniger von der Schule als verbindlicher Institution

für alle. Dabei liegt in jeder gelungenen Krisenbewältigung auch die Chance für ein seelisches Wachstum auf dem Hintergrund der Stärkung des seelischen Immunsystems. Gelungene Krisenbewältigung bedeutet, dem seelischen Immunsystem Erreger in einer verträglichen Dosis zugeführt zu haben. Wie der körperliche Organismus erweitert auch der seelische auf diese Weise sein Programm und lernt, sich flexibler an neue Situationen des Lebens anzupassen. Dasselbe geschieht, wenn beim Hören von Geschichten sich die Kinder mit deren Helden identifizieren, wie wir später noch näher untersuchen werden. Es hat den Anschein, als ob weder Eltern noch Lehrer diese Chance bewusst wahrnehmen und in der Erziehung aufgreifen.

Kinder ohne Gegenüber

Während in der Oberflächenwelt, verstellt durch die Medienerfahrung, die Wirklichkeit für das Kind nicht mehr zu fassen ist, verblassen in der Echowelt die Erziehungspersonen zu schattenhaften Wesen und es gibt keine zwischenmenschlichen Verbindlichkeiten mehr.

Können die Kinder einerseits die Welt mit ihren Sinnen nicht mehr erfahren und dadurch mit Sinn besetzen, erfahren sie andererseits von den Erziehungspersonen weder haltende Grenzsetzung noch Widerspruch. In ihren Grundbedürfnissen, nämlich sich anzuschließen, Erfahrungen zu teilen und sich von anderen abzuheben, um das Eigene zu finden, werden Kinder in einer sich in ihren Konturen auflösenden Welt weder gehört und gesehen noch an die Hand genommen und auf die notwendigen Einschränkungen hingewiesen, die immer auch notwendige Kränkungen sind. Allein gelassen leben Kinder in einem Lebenswelt-Vakuum ohne Hilfe für ihre Identitätsentwicklung.

In diese Lücke springt heute zum einen eine jährlich größer werdende Flutwelle an Büchern mit Erziehungshilfen darüber, wie man Kindern Grenzen setzt. Auch in Seminaren für Lehrer und Erzieher wird immer drängender der Wunsch geäußert, Hilfe zu erhalten, wie man Kinder auf Werte des Zusammenlebens verpflichtet und sie in ihre Schranken verweist. Zum anderen aber fordert Klaus Hurrelmann: »Gebt den Kindern mehr Macht!«[9], und meint damit, die Kinder bei ihrer Sinnsuche zu unterstützen und sie stärker als bisher an Entscheidungen in Alltag und Politik zu beteiligen. Das eine mit dem anderen zu verbinden tut Not. Grenzsetzungen sind zunächst immer Kränkungen. Sie werden nur dann als hilfreiches An-die-Hand-Nehmen erlebt, wenn vorher das Kind ernst genommen und in seinen Bedürfnissen wahrgenommen wird. Nur Beziehung schafft Ankopplung, die durch Grenzsetzungen vertieft wird.

Wie man das einzelne Kind besser verstehen kann und Beziehung schafft, dazu hilft das Wissen um die Kindertypen. Die Auflösung der dinglichen und sozialen Welt betrifft Kinder nicht gleichermaßen. Je nach Persönlichkeit ist das eine Kind mehr vom Mangel betroffen, die Welt sinnlich-konkret zu erforschen, ein anderes mehr von der Einschränkung, diese zu verstehen, ein drittes mehr von der Unklarheit darüber, was von ihm erwartet wird, und ein viertes leidet vor allem unter dem Fehlen naher und intimer Beziehungen. Kindertypen und ihre Fähigkeiten und Bedürfnisse zu kennen, schärft nicht nur den diagnostischen Blick von Eltern und Erziehern, sondern befähigt diese auch, jeweils im Rahmen der konkreten Möglichkeiten Entwicklungsangebote für ein Kind zu entwerfen. Solche Angebote erreichen dann das Kind in seinen tieferen Wesensschichten, es fühlt sich verstanden – wie Claudius, ein neunjähriger Junge, in der Therapiestunde es einmal auf die Formel brachte: »Bei mir machst du immer das Richtige!«

Wie Kinder ihr Selbst schützen und nähren

Gedanken zur Entwicklung von Kindern

Bevor wir uns im nächsten Hauptkapitel endgültig den Kindertypen zuwenden, möchte ich Sie einladen zu einem Exkurs in die Gestalttherapie mit Kindern und die Entwicklungspsychologie. Dabei will ich in einem ersten Schritt untersuchen, welche Bedeutung das auffallende und meist sehr anstrengende Verhalten für die körperlich-seelisch-geistige Entwicklung haben kann, das Kinder in Not zeigen. In einem zweiten Schritt soll klar werden, auf welche Weise der psychische Organismus von Kindern, von der Psychologie auch das Selbst genannt, wächst und sich kräftigt. Dieser Ausflug wird uns ein vertieftes Verständnis für die unterschiedlichen Wege zum Selbst vermitteln, welche die Kindertypen in ihrem Wachstum schwerpunktmäßig benutzen.

Verhaltensauffälligkeiten als »sinnvolle« Überlebensstrategie

Wenn Eltern ihr Kind in der Beratungsstelle anmelden, dann fassen sie ihre Not häufig in der Klage zusammen: »Mein Kind ist so schwierig!« Sie drücken damit ihre Elternnot genauso wie die des Kindes aus. Die eigenen Erziehungsbemühungen, seien es Verbote und Strafen oder gutes Zureden, können das Kind nicht bewegen, sein oft aufreibendes Verhalten zu ändern. Die elterliche Liebe scheint nicht auszureichen, und im Raum steht das eigene Versagen: Das Ziel, eine gute Mutter oder ein guter Vater zu sein, wird nicht erreicht. Die Schule droht das eigene Versagen nun öffentlich zu machen. Ähnlich geht es den Lehrern, und so wird die drohende Kränkung gemildert, indem die »Schuld« in einem zermürbenden Kampf häufig zwischen Eltern und Lehrern hin- und hergeschoben wird. Warum sind Kinder so hartnäckig in ihrem Verhalten, das ihnen selbst nur zu schaden scheint?

Ob das Kind sich weigert, in die Schule zu gehen, ob es die Hausaufgaben vergisst, von anderen Kindern ausgestoßen wird, ob es an den Nägeln zu kauen oder wieder ins Bett zu machen beginnt, sich seine Noten verschlechtern, es das häusliche Üben verweigert oder es sich in seiner Wut auf andere Kinder stürzt – und es gibt noch eine Fülle anderer Verhaltensweisen, durch die Kinder auf sich aufmerksam machen: Immer drohen diese Kinder den lebensnotwendigen Kontakt zu ihrem

Selbst zu verlieren. Wer aber den festen Boden unter den Füßen verliert, der hat auch kein Fundament, von dem aus er eine Brücke schlagen könnte, seine existenziellen Bedürfnisse zu befriedigen und den Anforderungen der Lebenswelt gerecht zu werden.

Eltern sind meist sehr erstaunt, wenn ich ihnen aufzuzeigen versuche, dass ihr Kind durch sein Verhalten verzweifelt versucht, die Balance seines psychischen Organismus, aber auch die zwischen seinem Selbst und der Welt wiederherzustellen. Kinder sind oft unter Einsatz all ihrer Kompetenzen bemüht, ihr Selbst zu nähren und zu wachsen, auch wenn dieser Versuch auf lange Sicht sich als schädigend und einschränkend erweist. Verhaltensauffälligkeiten können als »sinnvolle« Überlebensstrategien von Kindern verstanden werden, als Notsignale, das eigene psychische Wachstum zu fördern und das verlorene Gleichgewicht wiederzuerlangen. Kinder benützen zu diesem Zweck verschiedene Überlebensstrategien:

Überlebensstrategie 1:
Bedürfnisbefriedigung um jeden Preis

In den ersten Therapiestunden stellen Kinder ihr Problem häufig metaphorisch dar. Ob sie mit viel Mühe einen großen Hinkelstein basteln, um zu zeigen, dass man sehr stark sein muss, um so viel Schweres tragen zu können, oder ob sie einen hohen Turm bauen und diesen durch Herauslösen von Bausteinen immer wackeliger machen, bis er hin und her schwankt wie die eigene Lebenssituation und schließlich durch den Schuss einer winzigen Murmel zum Einstürzen gebracht wird – Kinder weisen sehr konkret auf ihre Not hin. Weil Kinder stärker als Erwachsene in Bildern denken, drücken sie im Spiel anschaulich ihre Bedürfnisse und Appelle aus: Mach mich stark! Bring wieder Stabilität in mein Leben!

Jedes Kind will gesehen und gehört werden, damit es sich selbst wahrnehmen und auf sich hören kann. Der Glanz im Auge einer nahen Bezugsperson ist der notwendige Spiegel, um sich selbst existent und liebenswert zu finden. Wir alle, ob Erwachsene oder Kinder, haben Lebensbedürfnisse, die befriedigt werden müssen, damit unser psychischer Organismus wachsen kann. Abraham Maslow hat solche lebensnotwendige Grundbedürfnisse zusammengestellt und dabei das Bild einer Pyramide verwendet. Er ging davon aus, dass bestimmte Bedürfnisse erst befriedigt sein müssen, damit nächsthöhere in den Vordergrund treten können.[10] Für unser Thema ist dieser Gedanke nicht zentral, wohl aber die Frage nach den Inhalten solcher existenzieller Motive. – Welche Grundbedürfnisse kennen wir?

Körperliche Bedürfnisse
Wir müssen essen, wir brauchen vier Wände, die uns schützen, Kinder wie Erwachsene wollen in den Arm genommen, gestreichelt und gehalten werden, sie wollen kuscheln und haben sexuelle Bedürfnisse.

Sicherheitsbedürfnisse
Ein Kind muss sich darauf verlassen können, dass seine Eltern für es sorgen, dass die Regeln, die der Lehrer oder die Lehrerin heute von ihm einzuhalten fordert, auch morgen noch Gültigkeit haben, es muss verstehen können, warum es gelobt oder bestraft wird. Sicherheit bedeutet für Kinder Orientierung in einer Welt, die zunächst sehr verwirrend ist. Sicherheit bringt verlässliche Ordnung in diese Welt und sagt Kindern, wie sie sich in ihr verhalten sollen.

Soziale Bedürfnisse
Wie Erwachsene wollen auch Kinder sich in einer Gemeinschaft geborgen wissen und dort einen Platz haben. Kinder

haben große Sorge, diesen Platz zu verlieren, wenn sie sich nicht so verhalten, wie sie meinen, sich verhalten zu müssen. Von einer Gemeinschaft akzeptiert und geliebt zu werden, sei es von der Familie, der Klassengruppe oder einer Gruppe Gleichaltriger in der Freizeit, ist Kindern ein intensives Bedürfnis. Außenseiter zu sein bedeutet immer auch eine Blockade, bedeutet ein »Verhungern« in der Befriedigung dieses elementaren Bedürfnisses. Wenn Kinder nicht verstehen, warum sie ausgestoßen werden, geraten sie in große Verwirrung.

Geltungsbedürfnisse
Schon in der Vorschulzeit beginnen Kinder sich mit anderen zu vergleichen, ihr Aussehen, ihr Können und Wissen einer Selbsteinschätzung zu unterziehen. Von dieser Einschätzung hängt der Wert ab, den ein Kind sich selbst in der Welt zuschreibt. Wir sprechen dann vom Selbstwert. Auch die Selbständigkeit eines Kindes und sein Selbstvertrauen beruhen wesentlich auf dieser Einschätzung, die das Kind immer wieder vollzieht. Von diesen Faktoren leitet sich aber auch der Status ab, den ein Kind in einer Gruppe erlangt. Und dieser wiederum beeinflusst die Selbsteinschätzung. In Kinderbiografien ist der Schuleintritt für das Geltungsbedürfnis eines Kindes ein äußerst kritisches Lebensereignis, das viele Kinder in eine andauernde Krise stürzt.

Bedürfnis nach Selbstverwirklichung
Der Wunsch, der Welt ein bisschen von dem zu zeigen, was man ist, und aufgrund dieser Einzigartigkeit in ihr Spuren zu hinterlassen, gehört zum Menschsein. Ein Kind braucht das Gefühl, dass die Welt ein wenig reicher ist, weil es gerade dieses eine besondere Kind gibt. Wenn man Kindern zeigt, dass jeder Abdruck eines Daumenballens unterschiedlich ist, bekommen sie einen Eindruck vom Wert des Besonders- oder Andersseins. »Ich bin anders richtig!«, ist eine wichtige Botschaft.

Es ist für Kinder existenziell notwendig, im Rahmen der sozial akzeptierten Grenzen ihre Grundbedürfnisse zu befriedigen, um wachsen zu können. Sie tun das, indem sie Kontakt zu ihrer Lebenswelt aufnehmen. In welcher Weise sie ihre Brücken schlagen, gibt den Ausschlag, ob sie mehr Kompetenz gewinnen und ihren Selbstwert nähren oder ob dieses Selbst allmählich verkümmert und die Kinder zu immer spektakuläreren Mitteln greifen (müssen), bis die Erwachsenen sie schließlich als verhaltensauffällig bezeichnen. Lassen Sie mich das Gesagte an einem Beispiel auf dem Pausenhof verdeutlichen.

Eine Gruppe von Kindern steht beieinander. Dominik sieht seine Kameraden, und seine Neugierde ist geweckt. Auch Klaus sieht die Gruppe und ist neugierig. Beide aber handeln verschieden. Dominik, ein Kind, das verlässliche Hilfe bei der Befriedigung seiner Grundbedürfnisse erfahren hat, geht zur Gruppe und fragt, ob er mitmachen kann. Er verabredet sich zum Fußballspiel am Nachmittag. Dominik erfährt: Ich kann mir holen, was ich brauche, ich bin für andere attraktiv.

Anders Klaus. Er hat wenig Hoffnung, sich ein wenig von dem kostbaren Gut zu verschaffen, dessen er so dringend bedarf – Anerkennung. Für ihn gilt die Devise: »Eine Minute King ist besser als nichts!« So rennt er an der Gruppe vorbei und rempelt die anderen Kinder an. Die werden aufmerksam, beschimpfen ihn und wenden sich ab. Klaus erfährt: Ich bekomme (langfristig) nie, was ich brauche. Ich bin nicht liebenswert. Wenn die sich über mich aufregen, ist das aber besser als gar keine Beachtung.

Klaus wird immer häufiger versuchen, seine Bedürfnisse auf eine Weise zu befriedigen, die ihn kurzfristig nährt, ihm langfristig jedoch schadet. Sein Verhalten ist zunächst also durchaus sinnvoll. Vielleicht besticht er andere Kinder mit Geschenken, um sie zum Freund zu gewinnen und in die Gemeinschaft aufgenommen zu werden. Vielleicht stiehlt er im Supermarkt, um vor sich selbst etwas zu gelten und sich für kurze Zeit gut zu fühlen. Vielleicht muss er immer wieder nachsehen, ob sein Hamster noch am Leben ist, um Sicherheit zu gewinnen. Vielleicht aber stopft er auch Essen in sich hinein, um wenigstens sich selbst etwas Gutes zu tun.

Der Motor der Entwicklung ist eine angemessene Bedürfnisbefriedigung des Kindes, und zwar vom ersten Tag an. Wie eine Mutter von Anfang an die Bedürfnisse ihres Kindes befriedigt, legt den ersten Grundstein, wie ein Kind später versucht, seinen Bedürfnissen gerecht zu werden.

Nehmen wir als Beispiel das Füttern. Die Mutter stopft ihrem Baby bei jedem »Muckser« einfach die Flasche hinein oder aber sucht zuerst einmal achtsam herauszufinden, welches Bedürfnis ihr Kind eigentlich hat. Später kann das Kind dann entweder seine eigenen Bedürfnisse gar nicht mehr wahrnehmen, denn diese sind im wahrsten Sinne des Wortes erstickt, oder aber es ist fähig, deutlich zu spüren, was es wann zu seinem Gedeihen benötigt. Das Wie umfasst aber auch die Art der Beziehungsaufnahme. So kann die Mutter beim Füttern ihr Kind liebevoll anschauen und freundlich Beziehung zu ihm aufnehmen. Sie kann aber auch einfach eine lästige Pflicht hinter sich bringen. Wie nahe Bezugspersonen mit den Lebensbedürfnissen eines Kindes umgehen, stellt die Weichen, ob das Kind später erwarten kann, dass seine Lebenswünsche befriedigt werden. Früh im Leben werden deshalb auch die Voraussetzungen geschaffen, ob das Kind später mit Versagungen umzugehen lernt und Frustrationstoleranz entwickelt in der berechtigten Hoffnung, dass es zu gegebener Zeit bekommt, was es braucht. Zu diesem Zeitpunkt fallen aber auch erste Vorentscheidungen, ob es sich später einmal aktiv daranmacht, lebensnotwendige Bedürfnisse allein zu stillen und für sein Wachstum selbst Sorge zu tragen.

Überlebensstrategie 2:
Die Blockade zum Selbst durchbrechen

Eltern und Lehrer verzweifeln besonders dann, wenn sie ein sehr entmutigtes Kind immer wieder loben, es auf seine Erfolge aufmerksam machen, das Kind aber dieses Lob stereotyp zurückweist oder relativiert.

Cordula ist eine Gymnasiastin, die wegen schlechter Noten in verschiedenen Fächern zur Beratung kommt. Dank Elternberatung, Nachhilfe und eigener Anstrengung beginnt Cordula allmählich bessere Leistungen zu zeigen. Als sie das erste Mal statt der üblichen Sechs eine Vier in Mathematik schreibt und die Lehrerin ihr Mut zusprechen will, schmettert sie das Lob mit der Bemerkung ab: »Sie wissen genau, dass das eine leichte Arbeit war!« Wochen später passiert dasselbe in Englisch. Als der Vater seine Freude ausdrückt, steckt sie die Arbeit mit dem Kommentar weg: »Reiner Zufall!« Cordula scheint unerreichbar für jeden erzieherischen Einfluss mit dem Ziel, ihr Selbstbild zu verändern. Für Menschen, die Kinder oder Jugendliche begleiten, ist oft kaum zu verstehen, warum ein Erfolg oder ein Lob nicht zur Kenntnis genommen werden.

Ein wenig weiter auf diesem mühsamen Veränderungsweg ist der neunjährige Franz. Er ist ein durch schulische Misserfolge sehr entmutigtes Kind, dem die Überweisung an eine Förderschule für Lernbehinderte droht. In die Stunde mit seiner Heilpädagogin kommt er mit einer glänzenden Medaille auf dem Pullover, die er beim Abfahrtslauf im Skikurs gewonnen hat. Als die Heilpädagogin ihm erfreut zu diesem Erfolg gratuliert, meint er mit einer wegwerfenden Handbewegung: Das war ja »babisch«. Franz ist schon bereit, das Zeichen für seinen Erfolg öffentlich zu tragen. Seine Bemerkung kann auch heißen: Für mich ist so was kinderleicht, andere müssen sich abmühen.

Die Motivationspsychologie hat auf diesem Gebiet sehr intensiv geforscht und Versuche unternommen, ein solches scheinbar selbstschädigendes Verhalten zu erklären.

Wir Menschen kommen nicht mit einer fertigen Meinung auf die Welt, wer und wie wir sind, sondern das Selbstbild – die Psychologie spricht auch vom Selbstkonzept – bildet sich *allmählich* durch das, was ein Kind erfährt, wie es sich einschätzt und was es von anderen Menschen über sich zurückgemeldet bekommt. Es ist für uns Menschen wichtiger, in Kontakt mit unserem vertrauten Selbstbild zu sein und unsere Identität aufrechtzuerhalten, als unser Verhalten flexibel an die Situation anzupassen. Wenn im Selbst die Botschaft vorhanden ist: Ich bin clever!, dann wird das Kind bemüht sein, diesen Aspekt des Selbstbilds immer wieder zu bestätigen und auf diese Weise seine Identität zu wahren. Dasselbe ist aber auch der Fall, wenn die Botschaft des Selbstbilds lautet: Ich bin dumm! Im Umgang mit solchen Kindern oder Jugendlichen bleibt nur die Möglichkeit, zwischen der eigenen Meinung (»Ich finde, das hast du gut gemacht«) und der Meinung des Kindes oder Jugendlichen zu trennen (»Du findest, das ist nur Zufall«) und diese Spannung auch auszuhalten. Ein Kind von der eigenen Meinung überzeugen zu wollen bedeutet immer, es nicht ernst zu nehmen.

Ohne Kontakt zum eigenen Selbst können Kinder sich nicht entwickeln. Sie versuchen deshalb auf alle nur erdenkbare Art und Weise ihr verlorenes Selbst wieder zu finden. Manche zappeln und hampeln, um ihren Körper zu spüren, andere retten sich in wunderbare Traumwelten, in denen sie von Traumpersonen geliebt und angenommen werden, um gute und lebendige Gefühle zu spüren, wieder andere erzählen von grandiosen Erlebnissen, um als Held eine gute Meinung von sich zu demonstrieren. Sie alle tun etwas sehr Vernünftiges, nämlich auf eine sehr anstrengende Weise Kontakt zu knüpfen zu ihrem verhungernden und erfrierenden Selbst und dieses zu füttern. Dass diese Nahrung wenig Nährstoffe enthält und die Heizung wenig Wärme, kann in dieser Notsituation keine Beachtung finden.

Überlebensstrategie 3:
Das eigene Selbst schützen und immunisieren

Paul ist zehn Jahre alt und besucht die 4. Klasse. Seine Mutter und seine Lehrerinnen führen seit Jahren einen Kampf um die leidigen Hausaufgaben. Jedes Mal, wenn Paul seinen Schulranzen auspackt, beginnt das Herz seiner Mutter rascher zu schlagen: Ist das neu angeschaffte knallrote Hausaufgabenheft zu finden? Stehen die Hausaufgaben drin? Hat Paul Buch und Hefte dabei?

Ist diese erste Klippe umschifft, setzt sich Pauls Mutter neben ihn und steht erst wieder auf, wenn der Schulranzen fertig verschlossen auf den nächsten Tag wartet. Weil sich Paul in der Schule wie zu Hause von jeder kleinsten Veränderung im Umfeld ablenken lässt, kennt er den Stoff nur bruchstückhaft. Mühsam ergänzt die Mutter die fehlenden Glieder. Wenn Paul bei den Hausaufgaben allein gelassen wird, ist er bald ins Spiel mit seinen Playmobil-Figuren vertieft oder er liegt auf dem Bett mit dem Walkman-Knopf im Ohr. Ähnlich verhält es sich mit Pauls Probearbeiten. Paul lässt sie wochenlang nicht unterschreiben, und schließlich sind die Blätter oder Hefte nicht mehr auffindbar.

Was ursprünglich mit großen Schwierigkeiten im Lesen und Rechtschreiben begann, dehnte sich inzwischen auf andere Fächer aus. Paul heimst nur noch schlechte Noten ein, und sein Stand bei den Klassenkameraden ist sehr gesunken. Niemand in der Klasse will mehr neben ihm sitzen.

Kein Kind kommt faul oder unaufmerksam auf die Welt. Vielmehr leben Kinder im Grundschulalter in einer Entwicklungsphase, in der sie in die Welt eintreten und sich in ihr selbständig betätigen wollen. Sie entwickeln eigene Interessen und die Parole heißt: Ich bin, was ich leiste. Und welcher Ort wäre besser für ein solches Vorhaben geeignet als die Schule! Im Jugendalter dagegen trägt Schulleistung wesentlich zur Identitätsfindung bei und spielt bei den enorm wichtigen Beziehungen zu den Gleichaltrigen eine große Rolle. Man möchte als so clever dastehen, dass die Leistung mit möglichst geringem

Lernaufwand erreicht wurde. Lernbemühen wird aus diesem Grunde verschwiegen oder verringert. Es muss also einen Grund haben, warum Kinder Dinge für die Schule vergessen, verschweigen, nicht mehr wissen.

Auch hier sind Eltern und Lehrer zunächst irritiert, wenn ich sie darauf aufmerksam mache, wie »vernünftig« ihr Kind handelt, wenn es bei anhaltendem Misserfolg in der Schule weder über den Schulstoff noch über seine Hausaufgaben Bescheid weiß. Ein solches Kind verlässt das Feld des Misserfolgs, es vermeidet jede Berührung damit. Da es nun einmal in der Schule körperlich anwesend sein muss, zieht es stattdessen seine Aufmerksamkeit ab. Auf diese Weise verschafft das Kind seiner Seele und seinem Geist ein wenig Erholung und baut einen Schutzwall auf, der es vom Ort der Erniedrigung abschirmt. Und bei schlechten Noten kann ein solches Kind ruhigen Gewissens sagen: »Das interessiert mich alles ohnehin nicht!« Ein solcher Kommentar ist sehr entlastend für das durch Versagen und Erniedrigung gekränkte Kind.

Außerdem tragen Kinder mit solchen Abwendungsstrategien zur Immunisierung ihres psychischen Organismus bei. Sie lassen von ihren Versagensängsten nur so viel zu, wie sie ertragen können. Dass im Laufe der Zeit sie sich selbst schaden und dergestalt Hilfe brauchen, dass die Ausgewogenheit zwischen Anforderung und Vermögen wiederhergestellt ist und auf diese Weise die Schutzmechanismen überflüssig werden, ist jedem vertraut, der diesen Weg mit Kindern und ihren Familien zu gehen gewohnt ist.

Pädagogisch–therapeutische Wege zum Selbst

Persönlichkeitsentwicklung von Kindern findet nur statt, wenn die Kinder in guten Kontakt zu ihrer Lebenswelt treten und diese Lebenswelt mit ihren Anregungen und Aufforderungen das Kind auch erreicht. Solche Zugangswege zum Selbst, die pädagogisch-therapeutisch möglich sind, um das Selbstgefühl von Kindern zu stärken, möchte ich jetzt auf verschiedenen Ebenen des psychischen Organismus vorstellen.

Ausgehend von der Gestalttherapie[11] sowie der Entwicklungspsychologie[12] habe ich ein Entwicklungsmodell entworfen, das Möglichkeiten aufzeigt, die selbst-unterstützenden Kräfte von Kindern anzuregen. Wie alle Modelle aus der Psychologie bietet es einen Rahmen zum besseren Verständnis. Dem Kind können Entwicklungsangebote für die verschiedenen Ebenen des Selbst gemacht werden, die natürlich immer miteinander verbunden sind. Auf diese Weise findet das Kind Hilfen, den Kontakt zum eigenen Erleben und den Erfahrungen in der Lebenswelt zu vertiefen.

Dieses Modell, abgebildet auf der nächsten Seite, zeigt auf der waagrechten Wachstumsachse Hinweise, wie und wodurch Kinder sich entwickeln, auf der senkrechten Hindernisachse jedoch Schwierigkeiten, die jedem begegnen, der die Entwicklung von Kindern pädagogisch zu fördern oder therapeutisch wieder in Gang zu setzen sich bemüht.

Im Folgenden versuche ich dieses Modell etwas näher auszuführen.

Pädagogisch-therapeutische Wege zum Selbst

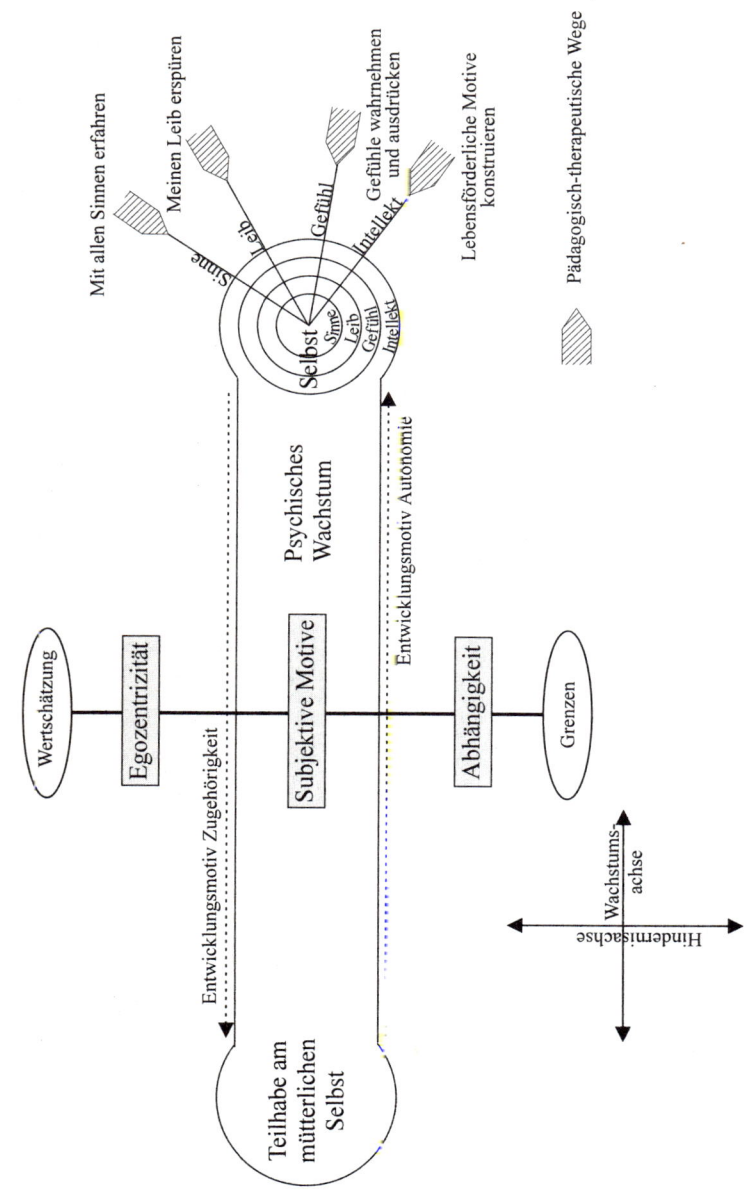

Mit allen Sinnen erfahren

Meinen Leib erspüren

Gefühle wahrnehmen und ausdrücken

Lebensförderliche Motive konstruieren

Pädagogisch-therapeutische Wege

Sinne
Leib
Gefühl
Intellekt

Selbst

Sinne
Leib
Gefühl
Intellekt

Psychisches Wachstum

Entwicklungsmotiv Zugehörigkeit

Entwicklungsmotiv Autonomie

Wertschätzung

Egozentrizität

Subjektive Motive

Abhängigkeit

Grenzen

Teilhabe am mütterlichen Selbst

Wachstums- achse

Hindernisachse

Wie Kinder zu selbst-bewussten Menschen heranwachsen

Pendeln zwischen den Entwicklungsmotiven Zughörigkeit und Autonomie

Wenn ein Kind auf die Welt kommt, hat es zunächst nur eine Aufgabe: sich selbst wahrzunehmen als ein von der Mutter getrenntes Wesen und ein eigenes Selbst zu entwickeln. Diese Entwicklung wird begleitet einerseits von Zeiten, in denen das Bedürfnis nach Zugehörigkeit und Angenommen-Sein, nach Aufeinander-bezogen-Sein und Anpassung im Vordergrund steht, andererseits von Phasen, in denen es um Unabhängigkeit, die Beachtung des eigenen Sinns und um Autonomie geht. In der Kleinkindzeit steht zum Beispiel das Bedürfnis nach Bindung an die Familie im Vordergrund, in der Grundschulzeit rückt dann das nach Selbständigkeit ins Zentrum der Beachtung, um in der Pubertät wieder dem nach Zugehörigkeit – allerdings zu den Gleichaltrigen – zu weichen.

Statt von Bedürfnissen zu sprechen, kann man auch den Begriff des Motivs verwenden. Zugehörigkeit und Unabhängigkeit sind die beiden stärksten Entwicklungsmotive, die wir kennen. Sie spielen auch im Erwachsenenleben beispielsweise in den Partnerbeziehungen eine wichtige Rolle. Wie in der Beschreibung der Kindertypen zu zeigen sein wird, sind sie in der Persönlichkeit von Kindern von Anfang an in unterschiedlicher Gewichtung angelegt, so dass Kinder sehr unterschiedliche Angebote zu ihrer Entwicklung brauchen.

Die Säulen des Selbstgefühls

Das Wort »Selbst« ist inzwischen so oft gefallen, dass es an der Zeit ist, diesen Begriff ein wenig genauer zu betrachten.

Stellen wir uns dazu ein Baby vor, das in seinem Bettchen liegt und mit seiner Hand immer wieder an die Klapper stößt, diese dabei bewegt und auch ein Geräusch produziert. Das Baby jauchzt und fühlt sich sichtlich wohl. Es erfährt etwas sehr Wichtiges, nämlich das Gefühl, selbst etwas zu bewirken: Ich bin es, der oder die zustande bringt, dass die Klapper hin und her schwingt und tönt, und ich kann diesen Vorgang immer wieder wiederholen. Es ist ein wunderbares Gefühl, etwas zu bewirken und sich selbst als Verantwortlicher dessen wahrzunehmen.

Das Selbst, das wir Menschen von Anfang an wahrnehmen und durch den Kontakt mit unserer Umwelt entwickeln, besteht aus den Sinnen, dem Körper, den Gefühlen und dem Intellekt. Es hat die Aufgabe, die Einheit unserer Person zu wahren und unsere körperlich-seelisch-geistigen Fähigkeiten und Fertigkeiten zu koordinieren. Es führt Regie dergestalt, dass wir uns durch viele Jahre hindurch als der- oder dieselbe empfinden, auch wenn unsere äußere Gestalt sich sehr verändern mag. Und es ist dieses Selbst, das darüber wacht, was wir wahrnehmen, welche Bedeutung wir unseren Erfahrungen geben und welche Gefühle dadurch ausgelöst werden und unser Handeln beeinflussen.

Sehen wir uns die Säulen des Selbstgefühls nun etwas genauer an, und zwar im Prozess der Entwicklung.

Die Basis für unser Selbstgefühl sind die *Sinne*. Ein Baby saugt, um zu leben, es muss gehalten werden, um zu gedeihen, und durch Riechen, Tasten, Schmecken, Sehen und Hören entwickelt es sein neuronales System. Was ein Baby als Nächstes wahrnimmt, ist sein *Körper*. Babys und Kleinkinder bewegen sich ständig und mit großer Lust. Sie sind völlig in Kontakt mit ihrem Körper. Es ist ein großer Schritt in der Entwicklung des Selbstgefühls, wenn ein Baby erkennt, dass die Hand, die sich da bewegt, zu ihm gehört und dass es selbst seinen Kopf heben und nach Dingen greifen kann. Auf diese Weise wachsen Selbstwirksamkeit und Kontrolle.

Der nächste Schritt auf dem Entwicklungsweg zu einem differenzierten Selbstgefühl ist das Erlangen des Bewusstseins über die Art der *Gefühle*. Je mehr eine Mutter ihrem Kind die Möglichkeit gibt, seine Gefühle zu erleben, je deutlicher sie ihm diese benennt, desto deutlicher kann eine Kind seine Gefühle wahrnehmen, Verbindung zu ihnen aufnehmen und später auch kontrollieren. Ein Kleinkind zeigt seine Gefühle offen und unverstellt. Wenn ein Zweijähriger glücklich ist oder frustriert, dann kann das jeder sehen. Er hat noch nicht gelernt, seine Gefühle zu verbergen oder sie zu verdrängen.

Gehen wir weiter auf dem Entwicklungsweg. Ein wichtiges Mittel, um sich selbst mitzuteilen und in Kontakt mit der Welt zu treten, ist die Sprache als Beispiel einer *intellektuellen* Leistung. Mit der Sprache kann das Kind wichtige Äußerungen über sein Selbst machen: Es kann seine Befindlichkeit, seine Bedürfnisse, seine Neugierde ausdrücken, und es kann seinen Standpunkt vertreten. Die Dreijährige, die die Tomatensuppe wegschiebt mit den Worten: »Mag keine Suppe!«, bezieht deutlich Stellung. Die Zeit der Sprachentwicklung ist auch die Zeit, in der Kinder genau beobachten, was nahe Bezugspersonen ihnen über sie selbst rückmelden, und sie solche Meinungen in ihr Selbstbild aufnehmen: Ich bin mutig! Ich bin clever! Ich bin liebenswert! Aber auch: Ich bin ungeschickt! Ich bin unattraktiv! Ich bin doof!

Ein gesund entwickeltes Kind hat Kontakt zu seinen Sinnen, seinem Körper. Es kann seine Gefühle sozial angemessen ausdrücken und mit seinem Intellekt seine Position in der Welt vertreten: So ist das für mich! Je besser dieser Kontakt des Kindes zu allen Ebenen seines psychischen Organismus ist, desto besser kann es sein Selbstgefühl nähren und desto stabiler wird sein Selbstwert. Dieser Kontakt ist aufgrund vielfältiger Hindernisse auf dem Entwicklungsweg bei vielen Kindern unterbrochen. Im Entwicklungsmodell finden sich diese auf der senkrechten Hindernisachse.

Blockaden auf den Zugangswegen zum Selbst

Kinder, die wir in ihrem Verhalten als schwierig bezeichnen, haben die Fähigkeit verloren, sich auf allen Zugangswegen zum Selbst an die Welt anzukoppeln und durch Erfahrungen und Erlebnisse zu wachsen. Meist blockieren sie diese Wege, um die Zuneigung naher Bezugspersonen nicht zu verlieren oder um sich zu schützen. Ein Kind, das zwei sehr unterschiedliche Anforderungen seiner Eltern zu befriedigen versucht (zum Beispiel: »Sei mutig, geh in die Welt!« und: »Sei vorsichtig! Bleib an meiner Seite!«), wird seine Bewegungsimpulse immer wieder stoppen, um auf diese Weise beiden Botschaften gerecht zu werden. Zu Hause und in der Schule erscheint es dann vielleicht als hyperaktiv. Es hat den Kontakt zu seinem Körper und dessen Signalen verloren.

Ein anderes Kind, das wütend auf seinen kleinen Bruder einschlägt, der ihm die mühsam aufgebaute Legowelt zerstört hat, und das vom herbeieilenden Vater gescholten und mit Liebesentzug bestraft wird, während der kleine Bruder Tröstung erfährt, wird das nächste Mal vielleicht bemüht sein, Gefühle wie Wut und Zorn zu unterdrücken, bis sie schließlich gar nicht mehr aufkommen. Aber Gefühle lassen sich nicht ausradieren. Über Wut und Zorn hat ein solches Kind keine Kontrolle mehr, und so überfallen diese Gefühle es in Momenten, in denen es ihnen hilflos ausgeliefert ist.

Gefühle wahrzunehmen ist aber wichtig für Kinder wie für Erwachsene. Es sind unsere Gefühle, die uns bei unserer Orientierung in der Welt unterstützen, indem sie sehr rasch Aufschluss darüber geben, welche Bedeutung eine Situation für uns hat. Als Eltern oder als Erzieher jedoch ertragen wir die Gefühle vornehmlich nahe stehender Kinder zumeist nur, wenn sie in gemäßigter Weise geäußert werden. Um unser eigenes Unbehagen loszuwerden, versuchen wir die Angst unseres Kindes, seine Enttäuschung oder seine Rachegefühle ihm sehr rasch auszureden: »Du brauchst doch keine Angst zu haben!« »Das ist doch alles nicht so schlimm!« »Ein ordentliches Kind kennt keine Rache!« So lauten unsere ausgesprochenen, oft aber auch unausgesprochenen Botschaften. Die Angst, die Enttäuschung, die Rache des Kindes tun uns weh und erschrecken. Auf diese Weise lassen Erzieher das Kind in der Wahrnehmung seiner Gefühle sehr verwirrt zurück und fördern den Blockadenbau zum Selbst.

Lassen Sie mich an einem Beispiel aufzeigen, wie es möglich ist, die Gefühle eines Kindes ernst zu nehmen, und was ein solches Sich-Anschließen bewirken kann.

Bernhard besucht die 1. Klasse und soll zu mir in den Förderunterricht, weil er immer wieder während des Unterrichts in lautes Weinen ausbricht. Mit weit aufgerissenen, angstvollen Augen sieht er mich an. Seine freundliche Lehrerin meint begütigend: »Da brauchst du doch keine Angst zu haben, das ist eine liebe Frau!« Bernhard fühlt sich wenig verstanden und weint laut los. Die »liebe Frau« setzt sich neben Bernhard, damit beide »auf gleicher Höhe« sind, und meint: »Du kennst mich ja gar nicht! Das macht dir sicher Angst.« In diesem Augenblick schaut Bernhard mich zögernd an. Ich seufze und atme tief ein und aus. Bernhard folgt meinem Beispiel. »Was könnte dir denn helfen?« Bernhard entscheidet sich für sein Federmäppchen mit den neuen Farben und ein Buch, das er von zu Hause in den Unterricht mitgebracht hat.

Gefühle zeigen die sehr intime Bewertung, die wir einer Situation geben. In den eigenen Gefühlen erkannt und ernst genommen zu werden schafft Beziehung, denn das Kind fühlt sich verstanden. Das ist besonders dann notwendig, wenn das Kind in seinen Bemühungen scheitert, zum Beispiel bei schlechten Noten, unabhängig davon, ob das Kind sich angestrengt hat oder nicht.

Gefühle des Kindes anzusprechen kann aber auch heißen: Der oder die hat mich erkannt! Es ist wichtig, Kinder in der

Wahrnehmung ihrer Gefühle zu unterstützen, jedoch muss diese Begleitung vorsichtig geschehen. Hundertprozentig kann man nicht wissen, was das Kind fühlt, aber man kann Vorschläge der Verständnisäußerung anbieten und geduldig darauf warten, ob das Kind sie annimmt oder korrigiert. Experte seiner Gefühle ist immer das Kind.

Aber auch das Denken über sich selbst, mit dem die Selbsteinschätzung verbunden ist, kann sehr rigide Blockaden erfahren. Kinder, die häufig Misserfolg erlebt haben, stehen jedem Erfolg skeptisch gegenüber. Sie sind zu oft enttäuscht worden, als dass sie sich einer solchen Enttäuschung weiter aussetzen können. Positive Meinungen über sich selbst sind sehr gefährlich, das haben diese Kinder immer und immer wieder erfahren. So haben sie einerseits die Hoffnung, andererseits auch die Wertschätzung für sich selbst verlernt.

Wie Barrieren erkannt und für psychisches Wachstum genutzt werden können

Es gibt eine Reihe von Hindernissen auf dem Weg einer förderlichen Selbstentwicklung, die Eltern, Lehrer und Therapeuten kennen sollten. Alle diese Hindernisse gilt es nicht zu beseitigen, sondern sie in Verantwortung für die Entwicklung des Kindes zu nutzen. Sie machen den Umgang mit den kindlichen Bedürfnissen so schwierig und erfordern immer wieder Aufmerksamkeit.

Hindernis 1: Die Notwendigkeit von Grenzen

Psychisches Wachstum von Kindern vollzieht sich zwischen den Polen Wertschätzung und Grenzen. Kinder brauchen Grenzen, die ihnen in Anerkennung ihrer Impulse, ihrer Bedürfnisse und Gefühle gesetzt werden müssen, immer dann, wenn sie sich selbst oder andere gefährden, wenn sie ihre eigene Absicht in Arbeit, Spiel und Miteinander durch das unkontrollierte Ausleben ihrer Impulse boykottieren. Eine solche wertschätzende Grenzsetzung ist deshalb so schwierig, weil die Erwachsenen zwar sehr wohl wissen, wie die sozialen Regeln lauten, auf die sie die Kinder hinweisen, diesen Hinweis jedoch meist wie eine Strafe vollziehen, welche die Kinder abwertet.

Hindernis 2: Die existenzielle Abhängigkeit von Erwachsenen

Ein zweites Hindernis, das Kinder dazu verführt, den Kontakt zu ihrem Selbst zu verlieren, ist ihre existenzielle Abhängigkeit von Erwachsenen in der Befriedigung ihrer Bedürfnisse. Es ist für Kinder lebensgefährlich, die Liebe ihrer nahen Bezugspersonen zu verlieren. Keiner liebt deshalb so bedingungslos wie Kinder. Der Gedanke, äußerlich und innerlich verlassen zu werden, versetzt Kinder in Panik. Das Kind wird aus diesem Grund alles tun, um Unstimmigkeiten zwischen seinen Handlungen und den Bewertungen durch die Erwachsenen zu verringern. Das erklärt den kurzfristigen Erfolg von Strafen. Danach nämlich erscheinen Kinder vordergründig als angepasst und einsichtig, sie drohen jedoch den Kontakt zum eigenen Selbst zu unterbrechen. Langfristig gesehen nämlich bedeutet ein Sich-in-allem-Anpassen die Einschränkung der Entwicklung eines autonomen Selbst. Die nicht hinterfragte Übernahme von Meinungen über sich selbst – in der Psychologie sprechen wir auch von »subjektiven Motiven« – wird durch die Abhängigkeit der Kinder vom Erwachsenen im Erziehungsprozess nachhaltig beeinflusst.

Wie gehen Kinder mit ihrer existenziellen Abhängigkeit von Erwachsenen um und was tun sie, um die Liebe ihrer Bezugspersonen nicht zu verlieren?

Sag mir, was ich tun soll!
Manche Kinder folgen unbesehen den Bedürfnissen der Erwachsenen, weil sie meist wenig Gelegenheit hatten, ihre eigenen Bedürfnisse kennen zu lernen. Später fällt es ihnen sehr schwer, eigene Entscheidungen zu treffen.

Mama will, dass ich das so mache!
Manche Kinder übernehmen ungeprüft die Normen und Botschaften der Erwachsenen und versuchen danach zu handeln. Später sind sie brav und angepasst, und es fällt ihnen schwer, einen eigenen Standpunkt einzunehmen und zu vertreten.

»Böse« Gefühle sind gefährlich.
Andere Kinder unterdrücken sozial abgelehnte Gefühle wie Zorn, Wut, Hass und Rache. Wie bereits besprochen sind gerade sie es, die häufig durch unkontrolliertes Verhalten auffallen.

Der zappelt immer so, da kann ich mich nicht konzentrieren!
Manche Kinder sind Meister darin, sich zu entlasten, indem sie die Schuld für ihr Verhalten bei anderen suchen. Oft ist es gerade das eigene Versagen, das sie auf andere projizieren und dort anklagen.

Da bin ich nicht enttäuscht, das ist »nur« witzig.
Manche Kinder verstecken heftige, belastende Gefühle und bieten den Erwachsenen »Ersatzgefühle« an. Oft sind es sehr verletzte Kinder, die weder zu Dingen noch zu Menschen mehr eine Beziehung eingehen. Es ist, als ob sich Nähe und Einlassen nicht mehr lohnten, mit der Folge, dass diese Kinder keine befriedigenden Erfahrungen mehr machen können. Bei der Besprechung der Umwelteinflüsse, die auf unsere Kinder einwirken, haben wir festgestellt, dass es gerade dieses Verhaltensmuster ist, das heute bei Kindern zunimmt.

Wenn nahe Bezugspersonen die Abhängigkeit von Kindern und ihre bedingungslose Liebe kennen, besteht kaum die Gefahr, diese Liebe für eigene Zwecke zu missbrauchen.

Hindernis 3: Alles auf sich beziehen und sich schuldig fühlen

Kinder haben noch weit ins Grundschulalter hinein die entwicklungsbedingte Neigung, Ereignisse in ihrer Ursache und ihrer Entwicklung auf das eigene Selbst zu beziehen. »Die Wirklichkeit (von Kindern) ist ganz vom Ich durchdrungen«[13], schreibt der berühmte Entwicklungspsychologe Jean Piaget und meint damit, dass alles, was Kinder sehen und hören, noch Teil ihres eigenen Kosmos ist. Werden Kinder krank, so erleben sie ihre Krankheit als Strafe für ein Vergehen, das sie nicht benennen können. Streiten sich die Eltern, meinen sie, die Ursache zu sein und Verantwortung zu tragen: »Papa ist gegangen, weil ich mein Zimmer nicht aufgeräumt habe!«, ist die Erklärung eines Siebenjährigen über die Scheidung der Eltern. Er fühlt sich schuldig für eine Situation, an der er nur zum Geringsten beteiligt ist. Kindern bei der Auflösung ihrer Familie oder bei Tod zum Beispiel eines Geschwisters deutlich zu machen, dass sie dabei keine Schuld tragen, auch wenn sie die kleine Schwester oft weggewünscht haben, ist ein wichtiges pädagogisches Ziel.

Während der Grundschulzeit wird es Kindern allmählich möglich, ihren egozentrischen Blick aufzugeben und die Welt aus der Perspektive eines anderen zu betrachten. Aber erst in der Pubertät erwerben sie dann die Routine vorauszusagen, was ihr eigenes Verhalten beim anderen auslöst und umgekehrt, also die Sicht- und Verhaltensweise von anderen mit den eigenen zu koordinieren.

Ich erinnere mich an den Förderunterricht mit Peter, Martina, Sepp und Cornelius, die ich vom 2. bis zum 4. Schuljahr betreute.

In verschiedenen Stunden geht es darum, wer über sich erzählt, ein Bild vorstellt, sich zu einer Phantasiereise äußert. Anders als im Unterricht handelt es sich bei der Darstellung der subjektiven Erlebnisweisen häufig um sehr intime Informationen. Manchmal zögern die Kinder anzufangen, dann wieder haben alle das Bedürfnis, sofort zu beginnen. Es muss also verhandelt werden, wer anfängt. Eine Frage der Gerechtigkeit steht zur Lösung an.

Im 2. Schuljahr verwenden die Kinder zur Lösung dieses Problems Auszählrituale. Sie wissen zwar, dass die Bedürfnisse der anderen möglicherweise von den ihren abweichen, aber es ist den meisten von ihnen nicht möglich, sich in das seelische Bezugssystem anderer hineinzuversetzen und deren Befindlichkeit zu erforschen. Das Ritual löst das Problem, es ist scheinbar gerecht.

Erst im 4. Schuljahr beginnen die Kinder einander aufmerksam anzusehen und zu erforschen, wem es heute besonders wichtig ist, zu beginnen. Und sie holen sich das Okay der anderen, bevor sie selbst beginnen. Sie handeln den Beginn also nach individuellem Bedürfnis aus.

Die selbstbezogene Weltsicht von Kindern zu kennen macht Eltern und Lehrer achtsam dafür, dass Kinder aufgrund ihrer kognitiven Entwicklung gar nicht anders können, als sich selbst die strengsten Richter zu sein. Ein solches Wissen bewahrt davor, von Kindern öffentliche Schuldeingeständnisse zu fordern und dadurch die eigene Beschämung noch zu verschärfen.

Hindernis 4: Urteile über die eigene Person ungeprüft ins Selbstbild übernehmen

Die existenzielle Abhängigkeit von Kindern, aber auch ihre ganz auf die eigene Person bezogene Welterfahrung fördern, dass Kinder die Bewertung ihres Verhaltens durch andere Menschen oft ungeprüft als subjektive Meinung in ihr Selbstbild übernehmen. Wir sprechen wie gesagt von subjektiven Motiven.

Ein Kind, das ständig übersprudelt von Erlebnissen und wiederholt ermahnt wird, doch ruhig zu sein und nicht dauernd zu stören, glaubt schließlich: Ich rede zu viel! Ein anderes, das wiederholt gedrängt wird, Erwachsenen die Hand zu reichen und sich ihnen mitzuteilen, während es sich mit einer solchen Vorführung seiner selbst schwer tut, konstruiert möglicherweise die Meinung über sich: Ich bin schüchtern! Ein Kind, das in der Schule den Leistungsanforderungen nur unzureichend entspricht, sagt von sich: Ich bin dumm! Das ist bereits eine Meinung, die sehr abstrakt ist und schließlich viele Bereiche der Persönlichkeit erfassen kann. Dumm kann ich sowohl in allen Schulfächern sein als auch im Umgang mit anderen Menschen und bei Aktivitäten im Freizeitbereich. Ein dummes Kind aber ist nicht viel wert. Es hat wenig Lebensberechtigung.

Vera hat als Kleinkind zwei Jahre wegen eines Herzfehlers in einer Klinik gelebt. Heute ist sie sieben Jahre alt und fällt durch ihre ständigen Wutausbrüche auf, die sich in der Schule wie zu Hause ereignen. Ein neurologischer Befund liegt nicht vor.

In der Beratungsstelle holt sie sich im freien Spiel den Doktorkasten und weist mir die Rolle des Arztes zu. Sie drückt mir eine Spritze in die Hand und legt sich selbst als Patientin auf den Boden. Dann bittet sie mich, ihr das Blut auszutauschen. Auf meinen fragenden Blick hin meint sie: »Ich habe böses Blut!«

Das subjektive Motiv »Ich bin böse«, das auf einer frühen Stufe in der Entwicklung angesiedelt ist, hat viele Bereiche des Selbst von Vera erfasst und verwehrt ihr die Entwicklung eines stabilen Selbstgefühls. Die innere Leere und Einsamkeit versucht sie durch Aktionen im sozialen Feld zu übertönen. Sich kurzfristig in Kontakt mit anderen zu bringen, erleichtert sie. Da Vera aber aufgrund ihres eingeschränkten Selbstgefühls keine Fertigkeiten zu einer befriedigenden Kontaktaufnahme hat, bewirkt ihre Überlebensstrategie das Gegenteil.

Im Prozess der subjektiven Meinungsbildung konstruieren Kinder sowohl entwicklungsfördernde als auch -einschränkende subjektive Motive. Nur solche Meinungen, die Hoffnung in das eigene Entwicklungsprojekt zulassen, die Wahlmöglichkeiten im Handeln bieten und neugierigen und vertrauensvollen Kontakt mit der Umwelt fördern, unterstützen das Wachstum des Selbst. Bei der Verarbeitung von Misserfolg sind solche Motive förderlich, welche den Misserfolg nur auf eine bestimmte Situation beziehen (»Diese Probearbeit habe ich verbockt«) und nicht zeitlich überdauernd (»Ich bin blöd«) in das Selbstbild aufgenommen werden.

Durch ihre kognitive Entwicklung und die soziale Abhängigkeit aber sind Kinder dazu prädestiniert, Bedeutungen über sich selbst in unverdauten Brocken im Ganzen »hinunterzuschlucken«. Rücken diese an eine hohe Stelle in der Hierarchie der Motive, ergreifen sie viele Bereiche der Person des Kindes. Eine solche Fehlentwicklung kann nur verhindert werden, wenn mögliche schädliche Meinungen an der Grenze des Selbst insgesamt oder modifiziert zurückgewiesen werden. Genau diese Fähigkeit können Kinder aber nicht leisten. Kinder brauchen die Hilfe der Erwachsenen bei der Auflösung und Zurückweisung selbsteinschränkender Meinungen über sich. Wichtig ist dabei, die Bewertung immer wieder auf die konkrete Situation zu beziehen: »Schwimmen kannst du nicht so gut wie der Peter« oder »Diktate sind nicht dein Ding« statt »Du bist wirklich ein Versager«. Außerdem habe ich die Erfahrung gemacht, dass Kinder, deren Seele geeignete »Nahrung« erhält, geneigt sind, nicht gierig jede Zuschreibung von anderen zu verschlingen, sondern durch ein gewisses Sättigungsgefühl, bedingt durch genügend hilfreiche Meinungen über sich selbst, gegen die Aufnahme schädigender Meinungen weitgehend immunisiert sind.

Vier Buben aus dem 3. Schuljahr kommen ihre Diktathefte schwenkend in den Förderunterricht. Markus hat nach einer Vier nun wieder eine Sechs geschrieben. Als wir auf dem Teppich sitzen, jeder mit seinem Heft vor sich, bemerke ich, wie Markus, den Kopf gesenkt, auf sein Heft starrt. »Du bist enttäuscht«, sage ich. Markus hat Tränen in den Augen, als er mich ansieht, und meint: »Ja … aber wir haben doch letztes Mal so einen Schutzschild gezeichnet mit allem drauf, was ich kann.« »Du kannst super Skateboard fahren!«, unterstützt ihn ein anderer Junge. Markus reibt sich die Augen. »An den Schutzschild muss ich jetzt immer denken«, meint er.

Der Schutzschild lenkte Markus' Aufmerksamkeit auf die Bereiche seiner Persönlichkeit, in denen er etwas zustande bringt, die seine Ressourcen darstellen. Aus großem, farbigen Tonpapier wurde ein Schild ausgeschnitten und darauf sah man Markus als Skateboardfahrer, beim Feilen im Werkunterricht, eine Mathe-Probe mit einer Zwei schwenkend und zu Hause beim Kochen. Die Bilder hatte Markus mit Wachsmalkreiden und Filzstiften gemalt oder auch aus Zeitungen ausgeschnitten. Es sind diese Selbstkompetenzen, welche die unverdauten schädlichen Meinungsbrocken zerkleinern und die Aufnahme neuer verhindern.

Die vier Kindertypen

Ihr Lebensstil
und wie sie auf stressreiche
Ereignisse reagieren

Ziele einer Typologie von Kindern

Ich möchte Sie zunächst einladen zu einem kurzen Streifzug durch die Angebote der Psychologie. Diese Disziplin kennt verschiedene Theorien, das Verhalten von Kindern zu verstehen, zu erklären und Eltern und Erziehern Entwicklungshilfen anzubieten. Diese Ansätze leiten sich entweder aus tiefenpsychologischen Theorien mit psychodynamischen Erklärungen ab, die sehr kompliziert sind und einer intensiven Selbsterfahrung bedürfen, um aus ihnen Nutzen für den Umgang mit Kindern zu ziehen. Oder die Psychologie bietet einfache Lerntheorien an, welche vor allem geeignet sind, das Verhalten von Kindern rasch zu verändern. Die »Gutzettel« in den ersten Schuljahren sind ein schönes Beispiel für eine pädagogische Einflussnahme auf dieser theoretischen Ebene. Die Lerntheorien befriedigen aber nur wenig, weil sie die emotionalen Aspekte vernachlässigen, die vor allem in Lebenskrisen eine herausragende Rolle spielen. Modelle auf dem Hintergrund der humanistischen Psychologie bieten wiederum wenig Wissen hinsichtlich der Diagnostik und lassen den Erwachsenen im Unklaren, warum das Kind sich in einer bestimmten Weise verhält. Die Entwicklungspsychologie schließlich versorgt uns zwar mit Hinweisen, was von Kindern auf welcher Altersstufe erwartet werden kann, gibt jedoch wenig Hilfen zur Berücksichtigung der Individualität von Kindern.

Wer täglich mit Kindern umgeht und wem deren Entwicklung ein Anliegen ist, benötigt eine übersichtliche psychologische Theorie, die geeignet ist, Hilfe zu leisten bei der Beantwortung folgender Fragen:

1. Warum zeigt mein Kind ein bestimmtes Verhalten?
2. Was kann mein Kind besonders gut? Welche Lernanregung braucht mein Kind zu seiner Entwicklung und welche Unterstützung in kritischen Lebenssituationen?
3. Was darf ich von meinem Kind in welchem Alter erwarten?

Einer der Gründe für die unterschiedlichen Reaktionsweisen von Kindern auf die Anforderungen der Lebenswelt ist die Art und Weise, wie Kinder sich selbst wahrnehmen, welche Bedürfnisse der Motor ihres Handelns sind und welche Vorstellungen sie darüber haben, wie sie in der Welt funktionieren wollen. Es sind die Typologien, die auf der Grundlage von Verhaltensbeobachtung und Verhaltensbeschreibung die genannten Forderungen erfüllen.

Was können Typologien leisten?

Typologien unternehmen den Versuch, die individuelle Vielfalt von Erscheinungsformen psychischer Phänomene zu ordnen, mit dem Ziel, zu einem besseren Verständnis derselben zu gelangen und Hilfen für das erzieherische Handeln im Alltag zu geben. Sie verstehen sich als eine Art Vorstrukturierung des psychischen Organismus. Ein solches Raster beeinflusst unter Einbeziehung entwicklungspsychologischer Befunde die Auswahl dessen, was Kinder aus den Angeboten der Lebenswelt vornehmlich wahrnehmen, die Bedeutung, die sie diesem Wahrgenommenen geben, sowie die dadurch ausgelösten Gefühle. Gefühle zeigen nicht nur unsere sehr intime Bewertung einer Situation, sie steuern auch unser Verhalten. Der Typus eines Kindes ist also wesentlich beteiligt an der Art und Weise, wie es sich mit der Welt auseinander setzt. Der Typus gehört gleichsam zur Grundausstattung von Kindern. Er schließt immer auch die Kompetenzen eines Kindes ein, welche seine Fähigkeiten und Ressourcen sind, die in Krisenzeiten aktiviert werden können. Die Psychologie spricht auch von »protektiven Faktoren« der Entwicklung. Auf diesem Hintergrund wird deutlich, was ein Kind zu seiner Entwicklung braucht.

Kindertypen sind immer eine Abstraktion, und die Idealtypen, wie sie hier vorgestellt werden, kommen in der Wirklichkeit nicht vor. Die Kindertypen sind Wegweiser, nicht Abbilder der Wirklichkeit. Im Typus wird immer ein Lebensstil beschrieben, der gefördert werden muss, damit das Kind seine Anlagen so entwickeln kann, wie es »gemeint« ist. Wird ein Kind gegen seinen Typus erzogen, so erhält es ständig die Botschaft, dass es so, wie es ist, nicht richtig ist. Eine solche Erziehung kann ein Kind in seiner Identitätsentwicklung verwirren und krank machen.

Anders als psychologische Gesetze, aus denen sich mit einer bestimmten Wahrscheinlichkeit gültige Verhaltensweisen für alle Kinder prognostizieren lassen, stellen Kindertypen ein Beobachtungsraster dar, welches den Erwachsenen hilft, das Verhalten von Kindern zu identifizieren, es einem bestimmten Typus zuzuordnen und daraus Hilfen für ihr erzieherisches Handeln zu gewinnen. Ein Beispiel:

Mein Kind
– liebt aufregende Erlebnisse und ist viel in Bewegung *(so verhält sich mein Kind)*;
– gehört wahrscheinlich zum Typus des Abenteurer-Kindes *(mein Kind gehört zu diesem Typus)*;
– ist Experte für Unternehmungen mit anderen Kindern und für neue spannende Erfahrungen *(das kann mein Kind)*;
– braucht eine Lernwelt, in der es mit allen Sinnen lernen und sich viel bewegen kann, und in Krisenzeiten einen Erwachsenen, der ihm wertschätzend hilft, mit seiner Wut umzugehen *(das braucht mein Kind)*.

Habe ich Kenntnis vom Typus eines Kindes, dann habe ich eine Reihe von Vorteilen gewonnen: Der Kindertypus
— leistet Hilfe, das Verhalten eines Kindes zu erklären,
— ermöglicht Einfühlung und Verstehen und
— fördert Toleranz und Wertschätzung.

Kenne ich den Typus, so wird mir der Lebensstil eines Kindes mit seinen Kompetenzen und Schwierigkeiten vertraut und es gelingt, die besondere Art des In-der-Welt-Seins dieses Kindes zu würdigen. Da es keinen an sich richtigen oder falschen Kindertypus geben kann, so lautet die Botschaft an das Kind: Du bist richtig, so wie du bist. Vom Kind werden dann vorrangig nicht Anpassungsleistungen an seine Lebenswelt gefordert, sondern der Blick von Eltern, Erziehern und Lehrern richtet sich darauf, wie eine entwicklungsförderliche Lebens- und Lernwelt für das Kind gefunden werden kann.

Die Lehre von den Typen damals und heute

Von der Antike bis heute haben Astrologen, Philosophen, Mediziner und Psychologen immer wieder versucht, die Vielfalt menschlichen Verhaltens zu systematisieren, um zu einem besseren Selbstverständnis und einem angemessenen Umgang miteinander zu gelangen.

Bereits die Temperamentenlehre in der Antike ordnete die Menschen in ihren Verhaltensweisen bestimmten Typen zu. So unterschied im zweiten Jahrhundert der griechische Arzt Galenus vier Temperamente: das sanguinische, das phlegmatische, das cholerische und das melancholische, und griff dabei die vier Elemente des Hippokrates auf, aus denen sich nach dessen Lehre der Körper zusammensetzt: Luft, Erde, Feuer und Wasser. Alle vier Temperamente weisen Unterschiede auf, wie ihr

Besitzer Erfahrungen wahrnimmt, emotional verarbeitet und auf sie reagiert.

In unserem Jahrhundert stellt C.G. Jungs klassische Veröffentlichung zur Typologie[14] ein herausragendes Modell der menschlichen Persönlichkeit dar. In einem Vortrag auf dem internationalen Kongress für Erziehung 1923 spricht C.G. Jung von einem »angeborenen Temperament« bei Kindern, das in der Erziehung Unterstützung erfahren muss. Erst wenn Menschen sich in den Lebensäußerungen ihres Typus zu Hause fühlen, können von diesem sicheren Ort aus in der zweiten Lebenshälfte die vernachlässigten und verdrängten Eigenschaften Entwicklung erfahren, damit der Mensch auf dem Weg der Individuation zu seiner Ganzheit findet.

C.G. Jung verwendet bei der Beschreibung der gegensätzlichen Verhaltens- und Einstellungsweisen die Begriffe Extraversion und Introversion. Extravertierte gewinnen psychische Energie in der Beschäftigung mit der Außenwelt. Sie fühlen sich angeregt und lebendig, wenn sie in der Gesellschaft mit anderen Menschen sind. Introvertierte dagegen erfahren Anregung durch Kontakt mit ihrer inneren Welt im Denken, bei künstlerischer Arbeit oder meditativer Versenkung. Von extravertierten Kindern sagt C.G. Jung, dass sie sich schnell entwickeln, rasch selbständig werden und als begabt gelten, während die Entwicklung introvertierter Kinder langsamer verläuft und sie manchmal den Eindruck erwecken, ungeschickt zu sein.

Heute würden wir sagen, dass das extravertierte Kind den Anforderungen und Zielen einer nach außen orientierten, sich rasch verändernden Gesellschaft scheinbar besser begegnen kann als das introvertierte. In Therapie und Beratung sehe ich mich deshalb häufig vor die Aufgabe gestellt, Eltern von den verborgenen Fähigkeiten ihres introvertierten Kindes zu erzählen und ihre Zuversicht in seine Entwicklung zu stärken.

Psychologen in den USA und einige wenige in Europa widmen sich in den letzten Jahren wieder verstärkt der Erfor-

schung des Temperaments. Für die hier vorgestellte Kindertypologie sind jedoch vor allem amerikanische Autoren maßgeb-
lich, die auf der Basis von C.G. Jungs Persönlichkeitstheorie in
den USA geforscht und diese weiterentwickelt haben. Dazu
gehören Isabel Briggs-Meyers[15] und insbesondere David Keirsey und Marilyn Bates.[16] Um ein ganzheitliches Bild vom
Typus eines Menschen zu gewinnen, wählen diese Figuren aus
der griechischen Mythologie, denen sie vorrangige Bedürfnisse
zuschreiben, welche ihr Verhalten steuern:

Dionysos: Sinnlichkeit und Naturnähe
Apollo: Vorstellung und Selbsterkenntnis
Prometheus: Wissenschaftliche Erkenntnis
Epimetheus: Pflichterfüllung

Auf diesem Hintergrund lassen sich vier Lebensstile sehr anschaulich beschreiben. Obwohl die Autoren ihre Persönlich-
keitstypen nicht nur für Erwachsene, sondern auch für Kinder
formulieren, zeigen sich bei näherer Betrachtung trotzdem
Mängel für eine Typologie von Kindern. Entwicklungspsychologische Aspekte sind wenig berücksichtigt und die Beschreibung der Verhaltensweisen hat zur Lebenswelt von Kindern
häufig wenig Bezug. Außerdem fehlt ein einfaches und zu-
gleich präzises Raster, nach welchem das Kind in seinem
Typus identifiziert werden kann. Es sind diese Mängel, welche
die Kindertypologie dieses Buches auszugleichen versucht.

Die Kindertypen und ihr Bewältigungsstil in Krisensituationen

Im Folgenden möchte ich die vier Kindertypen sowohl in ihrem Lebensstil im Alltag wie bei der Bewältigung kritischer Lebensereignisse näher vorstellen. Die Darstellung der Kindertypen soll auch Hinweise für die Diagnose geben, mit dem Ziel, Kriterien zu übermitteln, wann die Anregung der selbstunterstützenden Kräfte von Kindern durch erzieherische Förderung nicht mehr genügt und das Kind therapeutischer Hilfe bedarf. Eindeutige Unterscheidungskriterien kann es nicht geben, da die individuelle Auseinandersetzung eines Kindes mit seiner Lebenswelt von den Kindertypen und deren Bewältigungsstilen in Krisen nicht erfasst werden kann.

Den mythologischen Figuren von Keirsey und Bates folgend werden vier Kindertypen eingeführt, die jedoch der Kinderwelt von heute entnommen sind: das Seelchen-, Pflicht-, Abenteurer- und Schlaukopf-Kind. Jeder dieser Kindertypen setzt vorrangig andere psychische Fähigkeiten ein, um sich in der Welt zu orientieren und auf ihre Angebote zu reagieren. Auf die Persönlichkeitsstruktur dieser Kinder wird dabei etwas später eingegangen. Hier geht es zunächst darum, ein Bild von den Kindern zu zeichnen. Der Bewältigungsstil der Kindertypen in Krisen folgt einem eigenen Ansatz und wird beschrieben als einer, der eine Überzeichnung und Verzerrung des ursprünglich funktionalen Lebensstils darstellt. Es ist diese Verzerrung des Typus unter Stress, durch welche das Kind eine Einbuße an Kompetenz erleidet – es sind nicht die Defizite in der Persönlichkeitsstruktur selbst, wodurch Konzepte der klinischen Psychologie Verhaltensauffälligkeiten von Kindern erklären.

Die ersten beiden Kindertypen, die vorgestellt werden, haben gemeinsam, dass in der Rangreihe ihrer Motive oder Bedürfnisse die Beziehung zu anderen Menschen an oberster Stelle steht (Entwicklungsmotiv Zugehörigkeit). Ihr Lebensstil ist auf die Beziehungsaufnahme zu Gleichaltrigen und Erwachsenen ausgerichtet und sie trainieren diese Fähigkeiten, je ausgeprägter ihr Typus in Erscheinung tritt. Ich bezeichne diese Kinder als *Wir-Experten*. Der dritte und vierte Kindertyp dagegen teilt miteinander das Ziel, dass es beiden um Kompetenzen geht, die sie von anderen Menschen unabhängig machen und die einzig auf Ihr Selbst und eine Sache bezogen sind (Entwicklungsmotiv Autonomie). Sie sind nicht so sehr an Beziehung, sondern an der Ausbildung des Selbst interessiert. Ich nenne diese Kinder *Ich-Experten*.

Wie bereits erwähnt, treten in angespannten Lebenssituationen die Verhaltensweisen der Kindertypen besonders deutlich zutage. Aus diesem Grund wird jeder Kindertypus durch einen Dialog eingeführt, wie er nach einem frustrierenden Alltagserlebnis zwischen dem Kind und einem Erwachsenen ablaufen könnte.

Die Wir-Experten:
Das Seelchen-Kind oder die Kunst der Teilhabe

Ich bin kostbar!

Susanne geht mit ihrer Freundin Cornelia von der Schule nach Hause. Als sie zu Hause läutet, macht niemand auf. Da fällt ihr ein, dass heute Dienstag ist, einer der zwei Tage in der Woche, an denen ihre Mutter arbeitet. Ihre beiden Brüder sind schon groß und über Mittag nicht zu Hause. Susanne geht dienstags zu Abels, den Nachbarn. Auf dem kurzen Weg dorthin fühlt sie sich ziemlich einsam und verlassen. Um 18.00 Uhr holt ihre Mutter sie ab.

Mutter *(nimmt Susanne in den Arm)*: »Wie war's heute?«

Susanne: »Ich mag nicht mehr in die Schule!«

Mutter: »Bis jetzt war doch alles in Ordnung. Ist etwas passiert?«

Susanne *(beginnt zu weinen)*: »Die Schule ist doof. Und zu Abels mag ich auch nicht mehr.«

Mutter: »Vielleicht magst du dir lieber selbst etwas warm machen. Du bist ja jetzt schon groß genug. Und dann könntest du zu Cornelia gehen.«

Susanne: »Ich find's schrecklich, allein nach Hause zu kommen. Ich mag nicht allein sein.«

Mutter *(wiegt Susanne und tröstet sie)*

»Ich möchte so gerne wissen, ob dem Papa mein Weihnachtsgeschenk gefällt«, sagt die neunjährige Anne, »ich hab was ganz Tolles nur für ihn gemacht.« Sie spricht damit eine Möglichkeit an, wie Seelchen-Kinder ihr Bedürfnis nach Zugehörigkeit zu stillen versuchen: durch persönliche Geschenke. Diese Kinder unternehmen große Anstrengungen, starke gefühlsmäßige Bindungen zu anderen Menschen zu entwickeln, um Sicherheit und Stabilität zu gewinnen. Ihre reiche Phantasie und ihr sensibles Einfühlungsvermögen leisten ihnen dabei Hilfe zur Gestaltung der Beziehungen. Es sind die psychischen Funktionen der Intuition und des Fühlens, mit welchen diese Kinder besonders ausgestattet sind.

Ein Kind, das sein Fühlen als Orientierung in der Welt einsetzt, versucht intensiv teilzuhaben an den Erfahrungen und Erlebnissen anderer Menschen. Es nimmt Anteil an deren Freu-

„Ich finde den Wald sehr sochön!"

den und Leiden und zeigt deutlich seine Gefühle. Auf diese Weise erwecken Kinder dieses Typs positive Gefühle in anderen Menschen, vornehmlich bei Erwachsenen. Es ist jedoch nicht so, dass diese Kinder einen Perspektivenwechsel im eigentlichen Sinn vornehmen und früher fähig wären, die Welt von der Position des anderen zu sehen oder früher Kompromisse mit anderen auszuhandeln als andere Kinder ihres Alters. Die Empathie eines Seelchen-Kindes gleicht eher einem emotionalen Mitschwingen und einer gefühlsmäßigen Teilhabe als einem Sich-Einfühlen in das seelische Bezugssystem des anderen.

Mütter beschreiben ihre einfühlsamen Seelchen-Kinder zuweilen mit sehr anschaulichen Bildern. Von Dominik erzählt die Mutter, dass er tausend Antennen habe und immer wisse, wie es den anderen gehe. »Der kriegt einfach alles mit, ohne dass ich darüber reden muss!« Von Christina wird erzählt, dass sie so offen sei, dass einfach alles in sie »hineinfalle«, was ihr begegne.

Diese Bilder zeigen eindrücklich, dass Seelchen-Kindern keine Grenze zwischen Ich und Du ziehen und ihre eigene Grenzziehung wenig stabil ist. Dadurch sind sie sehr gefährdet, ihr eigenes Selbst aufzugeben und völlig in dem des anderen aufzugehen. Sie leben dann gleichsam aus dem Selbst des anderen, sie wünschen sich das, was die geliebte Person sich wünscht, und finden gut, was die geliebte Person gut findet. Auf diese Weise verlernen sie, auf ihre eigenen Bedürfnisse zu achten. In diesem psychischen Mechanismus, den die Gestalttherapie als Konfluenz bezeichnet, besteht auch die Gefährdung dieses Kindertyps.

Seelchen-Kinder brauchen nahe Beziehungen, und sie sind bereit, viel in ihre Beziehungen zu investieren. Das Kind, das sein Fühlen als Orientierung benützt, will gefallen und ist begierig auf Rückmeldung, dass es wertvoll ist und geschätzt wird. Es erweist anderen Menschen Gefälligkeiten aller Art: Es pflückt Blumen, schreibt eine Geschichte oder denkt sich etwas Originelles und sehr Persönliches für den anderen aus. Auch das Pflicht-Kind, das wir als Nächstes kennen lernen, tut gerne Dinge für andere Menschen, jedoch sind diese von eher nützlichem Charakter: Es mäht den Rasen, räumt die Küche auf und wäscht das Auto. Da Seelchen-Kinder in ihrem unsicheren Selbstgefühl sehr darauf angewiesen sind, dass ihre Geschenke mit Wertschätzung aufgenommen werden, ist eine Missachtung ihrer Gaben und Bemühungen oder gar eine ironische Bemerkung wie eine Vernichtung ihrer selbst.

Ausgestattet mit einer lebhaften Vorstellungsgabe und dem starken Bedürfnis nach Zugehörigkeit können die Beziehungen von Seelchen-Kindern auch schwärmerischen Charakter annehmen. Das gilt besonders für die Bindung dieser Kinder an Erwachsene: Schauspieler, Sänger und Sportstars sind schon in frühem Alter Objekte der Sehnsucht, und Seelchen-Kinder leben intensiv mit ihren Helden. Als Erwachsene besetzen sie häufig ihren Liebespartner mit ihren Phantasien und verlieben sich in ein Idealbild, das der geliebte Mensch nur schwer erfüllen kann. Oder aber sie wollen den Partner von seinem Schicksal erlösen, was ebenso misslingen muss. Seelchen-Kinder können es dann vorziehen, lieber mit dieser Idealfigur in ihrer Phantasie zu leben, als sich der nüchternen Wirklichkeit zu stellen. Ihre Liebesbeziehungen sind vom Zauber des Einmaligen bestimmt (genauso wie sie selbst sich empfinden), nicht aber vom pragmatischen Alltag.

In der Beratung kommen aber auch Freundschaftsbündnisse und Intrigen vor allem unter den Mädchen zur Sprache, unter denen das Seelchen-Kind dann extrem leidet und zuweilen auch krank wird. Jedoch ist es nicht nur in der Opferrolle: Aufgrund ihres trainierten Einfühlungsvermögens gelingt es Seelchen-Kindern, andere in ihren meist verdeckten Racheakten an sehr empfindlichen Stellen zu treffen.

Kinder vom Seelchen-Typ sind glücklich, wenn sie in einer Gruppe von Gleichgesinnten bei gemeinsamem Tun im selben Gefühl mit den anderen »schwingen«. Eine solche Gruppe ist neben den Gleichaltrigen vor allem die Familie. Die Kinder lieben Geschichten aus der Familienchronik und aus der Kindheit ihrer Familienangehörigen, in denen sie intensiv die Dramatik des Geschehens mitfühlend teilen. Unter Trennungen von Orten und Personen, zum Beispiel durch einen Umzug, oder unter der Auflösung der Familie, beispielsweise durch eine Scheidung oder den Tod eines Elternteils, leiden sie sehr. Da sie mehr noch, als es ihrer kognitiven Entwicklung entspricht, am Subjektiven interessiert sind und solche Ereignisse als persönlich verursacht interpretieren, leiden sie unter starken Schuldgefühlen und zeigen intensive Trauerreaktionen. In dem Bestreben, nahe Beziehungen zu leben, die sie nicht mit anderen teilen müssen, werden diese Kinder auch durch die Geburt eines Geschwisters oft erschüttert, vor allem wenn sie lange die Position des Einzelkindes innehatten.

In der Schule pflegen Seelchen-Kinder vielfältige Kontakte – vorausgesetzt Lehrer und Klassenkameraden vermitteln genügend Sicherheit – und sie können aufgrund ihres Harmoniebestrebens sehr beliebt sein. Auch zum Lehrer oder zur Lehrerin haben sie eine enge Beziehung. Ihrem Beziehungsbedürfnis kommt ihre Kommunikationsfähigkeit auf verbaler Ebene zugute. Sie lernen meist früh sprechen und sind ausgesprochen sprachbegabt. Im diagnostischen Gespräch über ihr Seelchen-Kind fasste eine Mutter die Begabungsstruktur dieser Kinder in folgendem Satz zusammen: »Lesen und Schreiben ist dem Rechnen vorzuziehen!« Da sie schon früh zu lesen beginnen, tun sie alles, um ihre Sprachfähigkeit weiterzuentwickeln. Sie gehen selbst ausgesprochen kreativ mit Sprache um und fallen in der Schule durch eigenwillige Sprachbilder und einen sehr poetischen Gebrauch von Sprache auf. In ihrer Vorliebe für Märchen und Erzählungen verschmelzen sie mit den Helden und versichern sich auf diese Weise der Bedeutung menschlicher Beziehungen und der Einmaligkeit ihrer eigenen Existenz.

Ihre intuitive kreative Begabung hilft ihnen aber auch, jede Situation als subjektiv bedeutsam zu interpretieren. Im Spiel wird der Bagger bald zum Monster, der Mann im weißen Kittel ist nicht ein Arzt, sondern ein Batman-Heiler, und sogar beim »Mensch-ärgere-dich-nicht«-Spielen beginnen sie alsbald die Regeln zu ignorieren, den Figuren Rollen zuzuweisen und sie in diesen agieren zu lassen. Aus einem eher vielleicht langweiligen Spiel nach festen Regeln wird dann zuweilen eine dramatische Verfolgungsjagd. Seelchen-Kinder haben nicht nur lebhafte Träume, sie sind auch die Träumer unter den Kindern. Leiden sie an einem Mangel an nahen Beziehungen oder

befinden sie sich in einer kritischen Lebenssituation, erdenken sie sich einen Phantasiefreund, mit dem sie intensiv zusammenleben. Ein Angriff auf diesen Phantasiefreund kann das Seelchen-Kind zutiefst verletzten, es letztlich aber in seinem Grundgefühl bestätigen, »anders« zu sein.

Aufgrund ihrer Kommunikations- und Beziehungsfähigkeit werden Seelchen-Kinder in der Schule selten auffällig. Reagieren sie nach innen, so gehören sie zu den als scheu oder gehemmt bezeichneten Kindern. Sind sie mehr nach außen orientiert, können sie auch hysterisch reagieren, um Beziehungen zu knüpfen und Wertschätzung zu erhalten. In der Beratungsstelle sind es deshalb überwiegend die Eltern, die ihr Kind dann vorstellen, wenn es mit kritischen Lebensereignissen konfrontiert wird.

Wie Seelchen-Kinder Krisen bewältigen

Auf stressreiche Veränderungen im Lebenslauf reagieren Seelchen-Kinder mit einer Intensivierung ihres Bedürfnisses nach
Nähe. Bleibt dieses unbefriedigt, kann sich die Krise verstärken, und die Kinder suchen Beziehung auch um den Preis
völliger Aufgabe ihres Selbst. Sie unternehmen den Versuch,
durch die Teilhabe am Selbst naher Bezugspersonen zu überleben, wodurch ihre Entwicklung stagniert und sie seelisch
krank werden können. Das Kind fühlt sich dann nur dadurch
existent, dass es sich mit den Bedürfnissen und Interessen
anderer Menschen identifiziert. In psychischen Krisen klammern sich diese Kinder deshalb an ihre Mitmenschen und
versuchen auf jede Art und Weise, Intimität herzustellen. Wird
dieser Bewältigungsstil chronisch, kann das Kind keine Erfahrungen mehr zulassen, weil es den Kontakt zu seinem Selbst
nicht mehr herstellen kann.

Die zehnjährige Maude ist durch die Scheidung ihrer Eltern und den
damit verbundenen Verlust eines Bruders in eine schwere Krise
geraten. Nach dem Malen und der Besprechung des Bildes vom
»Seelenvogel« meint sie: »Ich glaube, ich habe meinen Seelenvogel
verloren.«

Manche Kinder dieses Typus reagieren mit starken Gefühlsaus-
brüchen. Sie weinen, jammern und versuchen an das Mitleid
ihrer Umwelt zu appellieren. Nach der Devise »Ich tue alles,
was du willst, wenn du mir nur nahe bleibst!« verlieren sie die
Fähigkeit, Position zu beziehen im Sinne von »So ist das für
mich!« und kreative Bewältigungsweisen zu erproben. Sie
können sich intensiv dem Gefühl von Trauer hingeben, wobei
sich auch ihr Trauerverhalten so weit verfestigen kann, dass
ihre Trauer emotional leer erscheint. Emotionen wirken dann
schablonenhaft und verhindern die Zuwendung anderer Menschen, die diese Kinder doch so sehr ersehnen.

Ich wär gern ein Prinz wie in den Märchen. Und mein Kuscheltier wär immer bei mir.

Andere Seelchen-Kinder verstummen und reagieren mit extremem Rückzug. Sie wagen nicht mehr, sich ihrer sozialen Umwelt auszusetzen, und machen sich auf diese Weise unsichtbar. Auch mit diesem hilflosen Verhalten appellieren sie an den Schutz ihrer Mitmenschen und hoffen, dass diese für sie aktiv werden und die Probleme lösen.

Da diese Kinder als hoch sensibe gelten, wird ihnen nichts mehr zugemutet, und die Erwachsenen wie die Geschwister und die Gleichaltrigen nehmen ständig Rücksicht auf sie. Dabei jedoch verlieren Seelchen-Kinder ihre soziale wie ihre Selbstkompetenz und werden extrem von der Unterstützung anderer Menschen abhängig. Schreitet der Krisenprozess fort, können diese Kinder ihre eigenen Bedürfnisse nicht mehr wahrnehmen, was zur Folge hat, dass ihr psychisches Erregungsniveau sinkt. Das heißt, sie werden apathisch, depressiv und zuweilen sogar selbstmordgefährdet.

Auf diesem Hintergrund entwickeln die Kinder dieses Typs oft psychosomatische Beschwerden wie Bettnässen, Bauchweh, Nägelkauen, Haareausreißen – Beschwerden, durch die sie Notsignale für Zuwendung senden, aber auch das Konfliktfeld selbst verlassen können.

Sehr phantasievolle Kinder des Seelchen-Typs tauchen in Krisen mehr als sonst in ihre Phantasie- und Geschichtenwelt ein. Die Wertschätzung, die Anregung, die ihnen in der Realität versagt bleibt, holen sie sich verstärkt auf identifikatorischem Wege. Im Unterricht wirken sie verträumt »wie nicht von dieser Welt«. Eltern und Lehrer beklagen sich dann, dass sie diese Kinder nicht mehr erreichen können: Sie ziehen sich aus allen Aktivitäten zurück, sei es im Familien- oder im Freundeskreis, und spielen intensiv mit Spielzeug, das sie bereits abgelegt haben. Auf diesem Wege gelingt ihnen manchmal das Durchleben ihrer schmerzlichen Gefühle, was ihnen somit Erleichterung verschafft.

Die diagnostische Aufgabe besteht darin, abzuschätzen,

wieweit das Kind dieses Typs in einer Krise bereits durch andere Menschen lebt, seien es Menschen in der realen Umgebung des Kindes oder in seiner Phantasie, und wieweit es den Kontakt zu sich selbst und seiner Umwelt noch aufrechterhalten kann. Wichtige Hinweise geben auch die psychosomatischen Beschwerden und die Beobachtung des Erregungsniveaus.

Veronika oder der Tod der Großmutter

Veronika, neun Jahre alt und im 3. Schuljahr, wird wegen Schüchternheit in der Klassengruppe zur Beratung angemeldet. Nach den ersten Gesprächen wird deutlich, dass Eltern und Lehrerin wegen Veronikas »Zerbrechlichkeit« um ihr körperliches und seelisches Wohl fürchten. Nach dem Tod der Großmutter vor einem halben Jahr sei Veronika noch scheuer geworden, als sie es vor diesem Ereignis schon war.

Als Veronika mit ihrer Mutter selbst zum diagnostischen Gespräch kommt, betritt ein zartes Mädchen mit langen blonden Haaren und großen wasserblauen Augen das Zimmer. Mit ihrer bleichen Haut erweckt sie Assoziationen von einer Elfe oder einer Nixe. Sie sieht aus, als wäre sie aus einem Märchen entstiegen und nicht von dieser Welt. Ihre Stimme ist fein, sie spricht jedoch flüssig und mit einem sehr differenzierten Wortschatz. Dabei blickt sie zu Boden und nimmt die erste halbe Stunde kaum Blickkontakt mit mir auf. Sie besteht darauf, ein dickes wollenes Stirnband anbehalten zu wollen, als helfe ihr dieses, nicht deutlich gesehen zu werden. In einer späteren Stunde des diagnostischen Prozesses, als sie Vertrauen gefasst hat, ist sie sehr kontaktfreudig, spielt phantasievoll mit den Handpuppen und baut im Sandkasten einen »Zauberwald«, in dem die merkwürdigsten Dinge passieren. Menschen werden in Tiere verwandelt und umgekehrt; ein See, geformt aus hellblauem Plastilin, enthält Wasser, das allen Menschen, die im Wald spazieren gehen und sich damit waschen, Schönheit verleiht. Das Böse dringt in Gestalt eines Zauberers ein, jedoch können sich Tiere und Menschen retten.

Der Baum, den Veronika als Selbstsymbol malt, ist zart und mit sehr feinem Strich gezeichnet. Eine Birke mit vielen Blättern, die sich mit langen Wurzeln Nahrung aus dem Boden holt. In seinen Zweigen beherbergt der Baum viele kleine Tiere.

Im Sätze-ergänzen-Test, einem projektiven Verfahren, kommt nicht nur Veronikas Sprachbegabung zum Tragen, da sie zu den Satzanfängen viel erzählt, sondern auch ihre Bewältigungsstrategie »mich unsichtbar machen« und ihr Bemühen, von anderen wertgeschätzt zu werden. Auch ihre Fremdheit in der Welt ist Thema und ihr Bestreben nach Wohlverhalten. Zu sozial abgewerteten Gefühlen wie Hass weiß sie nichts zu sagen:

Am liebsten ... *hätte ich eine Tarnkappe und könnte mich unsichtbar machen.*
Andere Kinder ... *mag ich. Mit Mädchen spiele ich gern.*
Ich versuche ... *zu allen nett zu sein.*
Die Erwachsenen ... *helfen Kindern. Meine Mutter glaubt, dass ich schüchtern bin.*
Ich möchte gerne wissen ... *wie die Geschichte von Momo ausgeht.*
Manchmal denke ich ... *dass ich komisch bin.*
Ich hasse es ... *(da fällt mir nichts ein).*

Im Handpuppenspiel sucht Veronika sich einen Frosch und eine Prinzessin, wobei Letztere eine Reihe von Fragen an den Frosch richtet und dieser meist tröstliche Antworten gibt:

Prinzessin: *Warum bin ich so schüchtern? Findest du mich schön?* Usw.

Im anamnestischen Gespräch berichten die Eltern, dass Veronika einen Frosch als Kuscheltier habe, an den sie sehr gebunden sei. Nach dem Vorlesen des Märchens vom *Froschkönig* habe sie sich diesen Frosch gewünscht. Der Frosch ist Symbol für Veronikas Zweifel über ihr Aussehen und ist vermutlich Anker für ihre Hoffnung, dass sich ein hässliches Tier in einen schönen Menschen verwandeln kann. Trotz ihrer ausgesprochen ansprechenden Erscheinung und ihrer Fähigkeit, bei Erwachsenen positive Gefühle hervorzurufen, fühlt Veronika sich als »hässliches Entlein«.

In der Familie bemüht sich Veronika sehr, dem Vater zu gefallen, der sich aber vermehrt dem kleinen Bruder zuwendet, weil er nach seiner Aussage dessen Interessen besser teilen könne. Anders die Mutter, die sich sehr mit Veronika identifiziert. Bei ihr findet Veronika die Aufmerksamkeit und Wertschätzung, die sie sucht. Sie schreibt der Mutter seit dem Tod der Großmutter häufig kleine Briefe mit Liebesbeweisen, in denen sie ihre Zuneigung ausdrückt. Dieser Tod war ein großer Verlust in Veronikas Beziehungsfeld. Für die Großmutter war Veronika das geliebte erste Enkelkind. Veronika verbrachte in den Ferien viel Zeit bei der Großmutter, die ihr immer wieder kundtat, wie wertvoll Veronika für sie ist. Neben der Beziehung zur verstorbenen Großmutter und zur Mutter gibt es heute zwei Freundinnen, mit denen Veronika seit der Kindergartenzeit intensiv spielt, vor allem spielt sie aber mit ihrer Lieblingspuppe.

Gestützt ist Veronika in der Schule durch ihre schriftlichen Leistungen, vornehmlich in Deutsch. Sie schreibt phantasievolle Aufsätze, die sie mit Zeichnungen versieht und die ihren Sinn für das Phantastisch-Märchenhafte deutlich machen. Auch im Religionsunterricht, den Veronika sehr schätzt und in dem oft Phantasiereisen und Imaginationsübungen gemacht werden, erstellt sie ähnliche Zeichnungen. Sie geht ins Ballett, wo sie sich ungezwungen bewegt und nach Aussagen der Eltern ganz im Kontakt mit ihrem Körper und der Musik sei.

Veronika ist durch den Tod der Großmutter und den Lehrerwechsel am Beginn der 3. Klasse in eine Krise geraten. Es gilt, bei Eltern und Lehrerin Verständnis für sie zu wecken, auf die zahlreichen protektiven Faktoren in Veronikas Persönlichkeit hinzuweisen und Hoffnung auf die unterstützende Kraft der Ressourcen des Kindes anzuregen. In Gesprächen mit den Eltern können Möglichkeiten gesucht werden, wie die Beziehung zwischen Veronika und ihrem Vater sich intensivieren lässt und wie sie aus der mütterlichen Identifikation entlassen werden kann.

Das Pflicht-Kind oder die Kunst, sich nützlich zu machen

Ich bin nützlich!

Fred schließt die Haustür auf. Es ist 13.00 Uhr und seine Mutter kommt erst in einer halben Stunde aus der Arbeit nach Hause. Aus dem Zimmer seiner Schwester Anna hört er Musik. Als er die Küchentür aufmacht, steht da noch das ungespülte Geschirr vom Frühstück. Fred säubert den Tisch und räumt das Geschirr in die Spülmaschine. Dann deckt er den Tisch mit Tellern, Gläsern und Besteck. Schließlich kommt die Mutter.

Mutter: »Hallo Fred, wo ist Anna?«

Fred: »In ihrem Zimmer, wo denn sonst.«

Mutter: »Wer hat denn die Küche so schön aufgeräumt und den Tisch gedeckt?«

Fred: »Wer glaubst du wohl?« *(strahlt)*

Mutter: »Das ist wirklich sehr lieb von dir. Auf dich ist einfach Verlass!«

Fred: »Einer muss es ja tun, damit wir auch mal essen können. Nie ist einer da, der mal hilft!« *(Fred läuft aus der Küche und schlägt die Tür hinter sich zu.)*

»Jetzt können Sie mich aber loben!« Mit diesen Worten hält Simon mir ein Foto hin, das er mit einer Polaroidkamera vom Aufbau seines Szeno-Tests geschossen hat. (Szeno-Tests sind standardisierte Spielsituationen, in denen Kinder ihre Lebensthemen mit standardisierten Materialien darstellen sollen.) Auch bei Simon steht das Bedürfnis nach Zugehörigkeit im Vordergrund, im Gegensatz zum Seelchen-Kind will er jedoch geschätzt werden, weil er eine an ihn gestellte Aufgabe richtig bewältigt hat. Es ist die urteilende psychische Funktion, die bestimmt, wie Pflicht-Kinder Ereignisse in ihrem Leben wahrnehmen und verarbeiten. Sie versuchen ihr intensives Bestreben nach Zugehörigkeit zu stillen, indem sie Normen und Anforderungen so erfüllen, wie die Gesellschaft es vorschreibt und wie die Erwachsenen es erwarten. Kinder dieses Typs tasten ihre soziale Umgebung danach ab, was von ihnen gefordert wird. Eine solche Intention setzt voraus, dass Vorhaben zu einem Abschluss gebracht werden, damit einschätzbare Ergebnisse vorzuweisen sind. Es ist der konservative Wert der Pflichterfüllung, der für diese Kinder im Vordergrund steht.

Orientierungshilfe leistet diesen Kindern aber auch ihre gut entwickelte und gern eingesetzte (Sinnes-)Empfindung, vor allem ihre Neigung zu sinnlich-konkreten Handlungen. Diese Neigung zielt nicht auf Anregung oder gar auf Sensation, sondern auf die Gewinnung praktischer Informationen, um Aufgaben zu einem »guten«, das heißt immer einem von wichtigen Menschen oder mit wachsendem Alter von der Gesellschaft geforderten Ende zu bringen.

Auch das als Nächstes vorgestellte Abenteurer-Kind will Erfahrungen machen, jedoch zeigt sich diese Erfahrungssuche in völlig anderen Verhaltensweisen als beim Pflicht-Kind. Während beim Abenteurer-Kind die dominante *wahrnehmende* Funktion es nach möglichst intensiven sinnlichen Erfahrungen suchen lässt, wird das Pflicht-Kind von der *urteilenden* Funktion geleitet. Was Pflicht-Kinder tun, soll nützlich sein für die Lebenswelt. Sie sind gern ein nützliches Mitglied der Gesellschaft. Sie sammeln Erfahrungen unter der Vorgabe, sich in der Realität zu beweisen. Ihr Interesse ist stets auf das Praktische, das Machbare gerichtet. Das ist auch später im Erwachsenenalter so.

Die Mutter von Armin ist eine sehr geschätzte Krankenschwester und mit ihren Werten ebenso wie mit ihrem sichtbaren Lebensstil ein Pflicht-Typ. Mit Armin hat es die Mutter schwer. Er ist ihrem Wesen fremd, und ich suche nach Wegen, die Beziehung zwischen Kind

und Mutter zu vertiefen, aber auch Armins Angst zu lindern. Wir einigen uns auf ein Abendritual, das mit Vorlesen am Bett verbunden ist. In den Vordergrund rücke ich bei der Einführung nicht die Vertiefung der Beziehung, sondern die Nützlichkeit für die Sprachentwicklung, in der Schule vor allem für Aufsatz und Rechtschreiben. Auf ein so praktisches Ziel kann sich Armins Mutter besser einlassen als auf ein so wenig konkretes wie »die Beziehung zu meinem Kind gestalten«.

Die Gedanken von Pflicht-Kindern kreisen um die Erfüllung ihrer täglichen Aufgaben, sei es in der Schule oder zu Hause. Sie richten ihre Schulsachen am Vorabend sorgfältig zusammen, um für die Pflichten des nächsten Tages gerüstet zu sein. Und noch auf dem Schulweg machen sie sich Sorgen, ob sie auch alle Hausaufgaben erledigt, alle Unterlagen eingepackt haben. Bei Verabredungen sind sie pünktlich und eher zu früh als zu spät zur Stelle. Macht man mit diesen Kindern ein Training zur Lernförderung und stellt ihnen frei, mit welchen der Teilaufgaben sie beginnen wollen, so greifen sie entgegen der Empfehlung in der Literatur zuerst zu den schwersten Aufgaben. »Erst die Arbeit, dann das Vergnügen!« ist ihr Leitziel. Von einem »Warmlaufen des Gehirns« durch leichte Aufgaben am Arbeitsbeginn halten sie wenig, denn sie wollen die subjektiv schwierigste Aufgabe schnell hinter sich bringen, um ihr Gewissen zu entlasten. Und von schlechtem Gewissen werden Pflicht-Kinder oft geplagt. Haben sie Misserfolg, glauben sie von anderen Kindern abgelehnt zu werden. Schreiben sie schlechte Noten in der Schule, meinen sie, den Anforderungen ihrer Welt nicht gerecht zu werden. Ihr schlechtes Gewissen projizieren sie im Rollenspiel in die Figuren, die dann verzweifelt sich bemühen, über Brav- und Liebsein Verzeihung zu erlangen. Weil sie sich schämen, fälschen sie in solchen Notsituationen auch Unterschriften und lassen Arbeiten und Hefte – die Gegenstände ihrer Schmach – auch einmal verschwinden, wodurch allerdings ihre Gewissensqualen noch wachsen.

Sein Bedürfnis nach Zugehörigkeit versucht das Pflichtkind auch dadurch zu befriedigen, dass es Dienste für andere ausführt und sich nützlich macht. Diese Kinder sind zufrieden, wenn man ihnen fest umschriebene Aufgaben überträgt. Sie sind glücklich über die Anerkennung, die aus solcher Tätigkeit erwächst, die sie zuverlässig ausführen. Werden sie gelobt, fühlen sie sich wertgeschätzt und in ihren Diensten für die Gemeinschaft gewürdigt. Ihr Bedürfnis nach Anpassung und Zugehörigkeit ist befriedigt.

Der Wunsch von Pflicht-Kindern, sich nützlich zu machen, ist zu Hause genauso zu beobachten wie in der Schule. Am Wochenende machen sie Frühstück für alle Mitglieder der Familie und sind selig, wenn ihre Bemühungen Beachtung finden. Sie tragen am Morgen Zeitungen aus, um ihr Taschengeld aufzubessern, und führen gewissenhaft Aufgaben für die Familiengemeinschaft aus, für die sie sich gern auch bezahlen lassen. In der Schule übernehmen sie alle möglichen Dienste: Sie helfen nach dem Unterricht dem Lehrer beim Aufräumen des Klassenzimmers, sie wirken mit bei der Organisation von Schulfesten und Klassenausflügen. Kein Wunder, dass in den Zeugnissen Eigenschaften wie pflichtbewusst, angepasst, einordnungswillig und hilfsbereit vorherrschen. Und auf Aussagen wie »In der Schule werde ich oft ermahnt, ordentlicher zu sein!« in Persönlichkeitsfragebogen antworten sie im Brustton der Überzeugung: »Nie!« Dagegen bejahen sie viele Aussagen zur Kategorie »sozial erwünscht« – Aussagen, von denen die Kinder meinen, dass es gut ist, sich entsprechend zu verhalten.

Ihre Strategie, Orientierung und eine positive Selbsteinschätzung im Leben durch eifriges Befolgen der Erwachsenennormen zu erlangen (wodurch es Pflicht-Kindern übrigens hervorragend gelingt, die Zuwendung wichtiger Personen zu gewinnen), verfeinern sie im Laufe ihres Lebens. Diese Verfeinerung kann dazu führen, dass Pflicht-Typen im Erwachsenenalter ein überfremdetes Selbst entwickeln. Dieses Selbst wird dann von rigiden Glaubenssätzen des »man muss, man sollte, man darf nie ...« regiert. Der Beginn einer solchen Selbstentwicklung zeigt sich bei Pflicht-Kindern schon früh. Sie fragen häufig, wie sie was machen sollen: Soll ich alle Tiere draufmalen? Darf ich hier essen? Wie muss man den Stift halten? – typische Fragen des Pflicht-Kindes. In projektiven offenen Testverfahren oder im Rollenspiel wird sichtbar, wie wenig Pflicht-Kinder am individuellen Schicksal von Menschen interessiert sind. Es sind die Rollen und die Aufgaben im Leben, in denen sie ein Geländer finden, das sie stützt.

Die siebenjährige Jeanette baut im Theaterkasten eine Geburtstagsfeier auf, zu der verschiedene Kinder eingeladen sind. Sie gibt diesen Kindern keine Namen, sie definiert ihren Platz auch nicht durch die Art der Beziehung untereinander (zum Beispiel: »Das ist das Kind von ...«), sondern benennt die Kinder im Spiel als Träger einer Rolle: das Ferienkind, das Lieblingskind, das Kindergartenkind, das Schulkind usw.

Pflicht-Kinder tun sich in der Pubertät schwer mit der Ablösung vom Elternhaus und werden damit für die Gleichaltrigen eher zu Außenseitern, wodurch ihnen die wichtigste Hilfe auf dem Weg zu ihrer Identität verloren geht. In der Klassengruppe gehören sie dann entweder zu den nachsichtig Geduldeten oder aber sie wehren die Attacken der anderen durch Nichtbeachtung ab und ziehen sich weiter auf die Familie zurück. Ihr Entwicklungsmotiv nach Zugehörigkeit zur Gemeinschaft Gleichaltriger versiegt dann.

In der Familie übernehmen sie häufig die Rolle von Ersatzeltern oder Ersatzpartnern, wenn Vater oder Mutter ausfallen, womit sich Pflicht-Kinder häufig überfordern. Sie kümmern sich um kleinere Geschwister oder jüngere Nachbarkinder und sind die idealen Babysitter. Ältere Geschwister, vor allem Mädchen, finden hier ein weites Betätigungsfeld. Genauso überfordernd kann die Aufgabe sein, bei Trennungen der Eltern den

fehlenden Partner zu ersetzen, eine Rolle, die oft auch älteren Jungen zufällt. In die Beratung kommen diese Kinder, wenn sie ihrer Aufgabe nicht mehr gewachsen sind und der psychische Organismus zusammenzubrechen droht. Als Erwachsene kümmern sie sich im privaten Bereich um die Pflege kranker Familienangehöriger, und auch im Beruf sind sie geneigt, alle möglichen zusätzlichen Aufgaben zu übernehmen. Sie kümmern sich um Feiern für Kollegen, organisieren Feste und besorgen bei Geburtstagen Geschenke. Sie überlasten sich und sind enttäuscht, wenn sie nicht die Anerkennung erhalten, die sie sich wünschen.

Pflicht-Kinder lieben Familienfeste, können wie Seelchen-Kinder stundenlang Fotoalben über lebende und verstorbene Angehörige ansehen und sind sehr interessiert an der Familiengeschichte. Es geht ihnen dabei jedoch nicht um die Befindlichkeit der Betroffenen, sie schwingen auch nicht emotional mit beim Hören der verschiedenen Schicksale, sondern ihr Anliegen ist das Wie und das Warum der Lebensweisen der Familienmitglieder. Pflicht-Kinder sind erleichtert, wenn sie von vernünftigen Lebensentscheidungen hören, und sie verlangen vom Erzähler ein eindeutiges Urteil, das Ordnung in die Fährnisse des Lebens bringt. Für das Lebensgefühl und die Gewinnung von Sicherheit ist es für Pflicht-Kinder sehr wichtig ausfindig zu machen, was richtig und was falsch ist. Mit ihrem Interesse an der Familiengeschichte sind Pflicht-Kinder später die idealen Hüter der Familientradition, die als Erwachsene nach den Wurzeln forschen und Stammbäume anlegen. Da sie das Vertraute lieben und alle Veränderungen sie verwirren, leiden Pflicht-Kinder sehr an Trennungen der Eltern oder unter der Auflösung oder Neuorganisation ihrer Familie. Sie sind sehr verwundbar, was Veränderungen in ihrer Lebenswelt betrifft. Wie wir noch hören werden, versuchen sie lange Zeit, durch die Aufbürdung zusätzlicher Aufgaben und eine noch rigidere Erfüllung der bestehenden Pflichten eine drohende Veränderung aufzuhalten oder wieder rückgängig zu machen.

Bei Anforderungen, in denen Kreativität und Improvisation gefordert sind, fühlen sich Pflicht-Kinder verunsichert. Routinemäßige Abläufe und das Kennen der Verhaltensziele geben ihnen dagegen Sicherheit. Ein solcher Lebensstil wirkt sich auch auf die Lern- und Arbeitsweise dieser Kinder aus. Sie suchen nur ungern nach ungewöhnlichen Lösungswegen und arbeiten lieber nach vorgegebenen Schemata. Sie bevorzugen es, die Dinge immer wieder nach demselben Ablauf zu erledigen. In ihrem Arbeitsprozess sind sie auf die kontinuierliche Rückmeldung durch die Erwachsenen angewiesen. Sie wollen erfahren, dass ihr Vorgehen richtig ist und sie auf dem vorgeschriebenen Weg weiterarbeiten können. Längerfristige Aufgaben nehmen sie rechtzeitig in Angriff und sie sind bereit, große Anstrengungen zu investieren und häufig zu üben, um zu einem Ergebnis zu gelangen. Aufgaben, die sie unter Zeitdruck bewältigen müssen, verwirren sie. Diese Art der Arbeitsorganisation wird im Abschnitt über förderliche Lernwelten noch genauer beschrieben. In der schulpsychologischen Beratung werden Pflicht-Kinder aus diesem Grund oft unter dem Beratungsanlass »Angst vor Proben« oder »Schulangst« vorgestellt.

Mit ihrem Pflichtgefühl, ihrer Vorliebe für strukturierte vorgegebene Arbeitsabläufe und ihrer Anstrengungsbereitschaft sind diese Kinder für die Organisation der Schule bestens gerüstet. Umso erstaunlicher ist, dass sie in der schulpsychologischen Beratung häufiger auftauchen als Seelchen-Kinder. Sie kommen, weil sie in ihrem Pflichteifer und ihrem sozialen Engagement in der Schule oder im familialen Umfeld trotz aller Anstrengung ihre Ziele nicht mehr erreichen und sie durch Überkompensation auf der Grundlage ihres Lebensstils sich nicht mehr flexibel genug den Anforderungen ihres Lebens anpassen können.

Wie Pflicht-Kinder Krisen bewältigen

Es ist das stete Bestreben, sich anzupassen und die Forderungen der sozialen Umwelt zu erfüllen, das Pflicht-Kinder antreibt, die Normen der Umwelt zu erforschen und sich so zu verhalten, wie sie vermuten, dass es von ihnen gefordert ist. Nur auf diese Weise wähnen sie sich berechtigt, ihr Entwicklungsmotiv nach Zugehörigkeit zu befriedigen. In diesem Lebensstil liegt auch die Gefährdung für die Entwicklung des

Selbst, was mit dem Begriff des überfremdeten Selbst bereits angedeutet wurde. In Krisen wird die Entstehungsgeschichte dieses fremden Selbst eindrücklich deutlich.

Da Pflicht-Kinder in Krisen noch mehr, als es ihrem Lebensstil ohnehin entspricht, mit aufmerksamen Sinnen ihre Umwelt nach Hinweisen abtasten, was sie tun oder lassen sollen, um die unangenehme Situation abzuwenden, nähern sie sich ihren Bezugspersonen in solchen Zeiten mit besonderer Offenheit und Vertrauen. Sie sind dann allzu bereit, Bewertungen ihres Verhaltens durch andere ungeprüft in ihr Selbstbild zu übernehmen. Diese fremden Glaubenssätze bestimmen nun als subjektive Motive das Handeln und lassen eine tatsächliche eigene Position zu den Ereignissen des Alltags nicht mehr zu. Die fremden Forderungen umspannen das Selbst wie ein engmaschiges Netz, welches eigene Impulse erstickt und das Pflicht-Kind zu besonderem Eifer antreibt. Auf diese Weise schränken diese Kinder in kritischen Lebenssituationen ihre Handlungsalternativen sehr ein und ihre Selbstentwicklung stagniert. Sie werden mehr funktionierender Teil ihrer Umwelt, als dass sie dieser gegenübertreten und versuchen, auf individuelle und flexible Weise auf diese Einfluss zu nehmen. Was ihr häufiges schlechtes Gewissen und ihre Schuldgefühle anbelangt, so sind sie aufgrund ihrer hohen sozialen Verantwortlichkeit geneigt, mehr als andere Kinder ihres Alters diese auch für Handlungen naher Bezugspersonen zu fühlen, an deren Verursachung sie selbst in Wirklichkeit aber nicht den geringsten Anteil haben.

Ich erinnere mich an die neunjährige Svetlana, deren Mutter aufgrund mehrerer Schicksalsschläge zur Alkoholikerin geworden war und die nun versucht, in einer psychosomatischen Klinik von ihrer Sucht befreit zu werden. »Ich habe mich nicht um meinen kleinen Bruder gekümmert, und in der Schule bin ich auch so schlecht, da hat meine Mama zu trinken angefangen!«, war Svetlanas Kommentar. »Wenn die Mama wiederkommt, dann streng ich mich ganz arg an!«

Zu diesem normorientierten Bewertungsprozess der eigenen Person gehört auch das Abwehren von aggressiven Gefühlen wie Wut und Zorn, Rache und Hass, die in der Gesellschaft einen negativen Stellenwert haben. Das Krokodil unter den Puppen in der standardisierten Spielsituation, den Wolf und die Schlange, den Haifisch und den Fuchs, die Monster und Dinosaurier fassen sie in der Beratungsstelle oft nur kurz an, um sie dann wieder wegzulegen, es sei denn, es gelingt ihnen, diesen Symbolen zum Beispiel als Retter in einem Spiel einen positiven Wert zuzuschreiben. Auf diese Weise blockieren sie den Zugang zu ihren Emotionen und ihrer psychischen Energie. Sie erscheinen starr, zuweilen depressiv und ihr Antriebsniveau ist vergleichsweise gering. Den Baum als Selbstsymbol malen sie häufig mit dicken Wülsten im Verlauf der Äste und machen so auf die gestaute Lebensenergie aufmerksam.

Die psychischen Phänomene, wie sie bei Seelchen- und Pflicht-Kindern zu beobachten sind, haben große Ähnlichkeit. Ihre Erklärung jedoch ist unterschiedlich und kann nur im Zusammenhang des Typus erfolgen. Nach der Theorie der Gestalttherapie findet die Blockierung der psychischen Erregung im Prozess der Wahrnehmung von Bedürfnissen bei Seelchen-Kindern auf einer früheren Stufe statt als bei Pflicht-Kindern.

Die Fülle der von außen übernommenen sozial anerkannten Normen und Werte engt die Handlungsmöglichkeiten dieser Kinder in Krisen stark ein. Die Kinder verstärken ihre Bestrebungen noch, nach bewährtem Muster Sicherheit und Kontrolle zu erlangen. Durch die makellose Bewältigung aller Pflichten im schulischen wie häuslichen Bereich versuchen sie in einem ersten Bewältigungsschritt, die Krise »aktiv« zu meistern. Sie bieten sich zur Erledigung von besonderen Aufgaben an, wobei sie zuweilen auch einen Pakt mit dem »lieben Gott« abschließen, um diesen zum Eingreifen zu bewegen. Ihr Schema heißt: »Wenn ich dies tue, dann erwarte ich jenes von dir.«

Für das Ich sind sie bereit, Opfer und Einschränkungen aller Art auf sich zu nehmen, um einen Verlust ungeschehen zu machen oder zu verhindern.

Da diese Kinder an schematisierten, vertrauten Handlungsabläufen hängen, haben Rituale in ihrem Tageslauf großen Stellenwert, zum Beispiel das Zu-Bett-Gehen oder die Erledigung der Hausaufgaben. In Zeiten von emotionalem Stress bekommen diese Rituale als sicherheitsspendender Handlungsablauf bei manchen Kindern eine besondere Bedeutung. Ist das Einschlafen ohne die Erfüllung des festgelegten Handlungsablaufs nicht mehr möglich oder kann die Hausaufgabe nur gemacht werden, wenn vorher alle Puppen und Kuscheltiere in einer bestimmten Anordnung im Raum verteilt werden, dann nimmt ihr Verhalten zwanghaften Charakter an und ist qualvoll für alle Beteiligten.

Die Mutter der zehnjährigen Jessica hat, für die Kinder nicht vorhersehbar, die Familie verlassen. Jeden Sonntag besucht Jessica nun zweimal die Messe, sie schließt sich stundenlang in ihrem Zimmer ein und vollbringt dort Bet-Rituale. Auf diese Weise versucht das Mädchen die Mutter zur Rückkehr zur Familie zu bewegen.

Wenn Pflicht-Kinder sich elend fühlen, schaffen sie sich zuweilen Erleichterung und Trost durch Essen. Wie sie Zuschreibungen von anderen Menschen unzerkaut schlucken, so stopfen sie mitunter Nahrung aller Art in sich hinein, ohne auf Hungersignale zu achten. In Gruppen mit übergewichtigen Kindern, die manchmal von den Gesundheitsämtern zur Anregung eines gesünderen Essverhaltens angeboten werden, finden sich viele Pflicht-Kinder, deren Eltern in der begleitenden Gruppe die Art der Lebensbewältigung ihrer Kinder eindrücklich schildern.

Meist stecken die Kinder in einem Teufelskreis: Durch Übergewicht verlieren sie an Attraktivität, werden von anderen Kindern gehänselt (»Fettwanst«, »Fettsack« ...), und ihre Angebote des Sich-nützlich-Machens verlieren für die Gleichaltri-

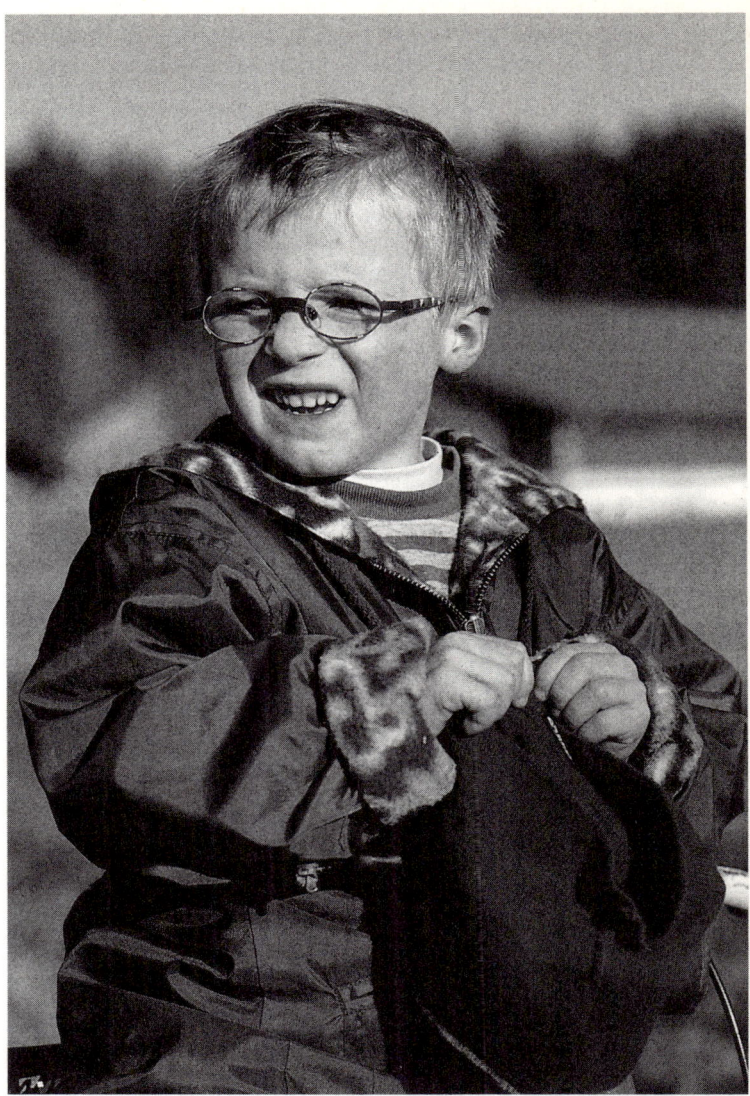

Bevor ich zum Spielen geh, muss ich immer erst die Hausaufgaben machen. Sonst hab ich ein schlechtes Gewissen.

gen an Wert und werden zurückgewiesen. Die wohl geübte Strategie, sich anzuschließen und für andere wichtig zu sein, greift nicht mehr. So »sitzen sie viel zu Hause«, wie ein Vater berichtet, und stopfen sich neben dem Essen auch noch mit Fernsehen voll.

Sehr vitale Pflicht-Kinder versuchen in Krisen manchmal auch ihre Umwelt zu erpressen. Ihr Schema »Wenn ich dies tu, dann erwarte ich von dir jenes« wandeln sie dann ab zu »Wenn du nicht dies machst, dann mach ich auch nicht jenes«. Konkret kann das nach einer Trennung der Eltern heißen: »Wenn du mir nicht erlaubst, mit dem Papa nach Mallorca zu fliegen, dann bleibe ich nicht bei dir!« Oder: »Wenn ich nicht bei der Anna übernachten darf, dann gehe ich zum Papa!«

Die diagnostische Aufgabe besteht darin, abzuschätzen, wieweit das Kind dieses Typus durch die rigide Art seiner Aufgabenerfüllung oder durch zusätzliche Aufgaben, die mit dem Auslöser der Krise *nichts* zu tun haben, sich selbst überfordert und blockiert oder seine Umwelt erpresst. Aber auch die Art und Anzahl seiner subjektiven Motive gilt es zu überprüfen, um festzustellen, wieweit das Kind von außen gesteuert ist und aus einem überfremdeten Selbst lebt.

Jens oder der Versuch, Menschen zum Bleiben zu bewegen

Jens ist acht Jahre alt und besucht das 2. Schuljahr. Er wird in der Beratungsstelle angemeldet, weil er in der Klasse ein Außenseiter ist und er Kontakt nur zur Lehrerin hat, der er »ständig am Rockzipfel hängt«. Er braucht immer wieder Aufmunterung, um mit Aufgaben zu beginnen und sie fortzusetzen, sozusagen eine »Privatlehrerin«. Die Lehrerin fühlt sich überfordert, und die Pflegeeltern, bei denen Jens seit zwei Jahren lebt, sind verzweifelt, weil sie sehr an Jens hängen und um sein Wohlergehen besorgt sind.

Als ich Jens auffordere, mir zu helfen, den Sandkasten von Spielmaterial zu befreien, damit er dort bauen kann, stellt er die Figuren, Tiere und Bäume fein säuberlich in Reihen auf das Regal und blickt mich danach fragend an: »Das hab ich doch richtig gemacht?« Dieser Satz enthält die Schlüsselfrage des Kindes, das sich der Nähe von Menschen dadurch zu versichern sucht, dass es sich bemüht, Anforderungen so zu bewältigen, wie es glaubt, dass andere Menschen das von ihm fordern. Während des Intelligenztests schaut Jens die Testleiterin nach jeder Aufgabe wieder fragend an und reißt glücklich die Arme in die Höhe, wenn er sie richtig gelöst hat. Gelingt ihm das nicht, sinkt er in sich zusammen, und die psychische Energie versiegt. Er scheint wie vernichtet, wenn er glaubt, die Testleiterin nicht zufrieden gestellt zu haben.

Gefühle wie Hass und Neid, die in der Gesellschaft keinen hohen Stellenwert haben, kennt er nicht. Die Aussage, dass ihn etwas in seinem Leben stören könnte, lässt ihn verstummen und zu Boden blicken. Erwachsene findet er ausnahmslos nett, kann aber keine Eigenschaften dieser Menschen benennen. »Das ist so«, ist Jens' stereotype Begründung, oder: »Das macht man so.« Im projektiven Verfahren des Sätze-Ergänzens bleibt das Antwortblatt deshalb an vielen Stellen leer. Wird ihm die Aufgabe gestellt, einen Baum zu malen, fragt er ständig nach: »Wie soll ich das Blatt halten? Welche Farbe soll ich nehmen? Was für ein Baum soll es sein?« Der Baum, der schließlich entsteht, ist von einfachem Schema. Ein Stamm mit Ästen, die starr ansetzen und am Ende abgeschnitten sind, in der Mitte jedoch Verdickungen aufweisen, als seien die Lebensenergien gestaut und könnten sich nicht verteilen.

Die Erledigung der Hausaufgaben ist für Pflegemutter und Kind zur Qual geworden, da Jens mit keiner Lösung zufrieden ist und immer wieder sagt, dass seine Lehrerin ihn mit einer solchen Hausaufgabe schimpfen würde. So reißt er laufend Blätter aus dem Heft und beginnt mehrere Male von vorn. Weder Zureden noch Strafe nützen. In der Nacht wacht er oft auf und rennt zum Schulranzen, um diesen zu kontrollieren. Am Morgen muss die Pflegemutter jedes Heft, jedes Arbeitsblatt noch einmal herausnehmen und mit Jens überprüfen, so dass er schließlich trotz allen Bemühens um Pünktlichkeit abgehetzt im Klassenzimmer erscheint.

Was Jens' Verhältnis zu anderen Kindern betrifft, so findet er auch sie alle nett, meint jedoch an anderer Stelle: »Mich mag keiner.« Dieses entwicklungseinschränkende subjektive Motiv, das auch »Ich bin nicht liebenswert« einschließt, verhindert, dass Jens im Spiel mit anderen Kindern sich selbst auszusetzen wagt. Er wird für andere Kinder nicht fassbar und in der Klassengemeinschaft immer mehr an den Rand gedrängt. Dazu trägt auch das einzige Thema bei, das er anderen Kindern anbietet: Dinosaurier. Da er beständig seine Klassenkameraden mit seinen Kenntnissen über »Dinos« überschüttet, sich aber nie an deren Aktivitäten beteiligt, wenden sie sich inzwischen gelangweilt ab, wenn Jens wieder mit seiner »Dino-Platte« beginnt, oder aber sie machen sich lustig über ihn.

Die Dinosaurier sind nur eines der Symbole, die Jens mit seinen abgewehrten aggressiven Gefühlen besetzt. In der Beratungsstelle greift er auch gierig zu den Monstern, wirft sie aber rasch wieder in die Schublade und sieht mich an, als erwarte er von mir eine klare Aussage. Im Szeno-Test setzt er das Krokodil ins Bild, lässt es aber über den Rand der Spielfläche hinausblicken, abgewendet vom eigentlichen Spielgeschehen. Er klebt dem Krokodil allerdings mit Plastilin ein Küken ins Maul und macht auf diese Weise auf seine Angst aufmerksam, dass seine abgewehrten Impulse außer Kontrolle geraten könnten. Den Fuchs deckt er mit einem Bauklotz zu und sagt: »Der ist gefährlich, den darf niemand sehen.« Zu Hause lebt Jens in einer künstlichen Dinosaurierwelt, wobei er in grausamen Spielen seine unterdrückten Persönlichkeitsanteile auszuleben versucht, jedoch durch seine biologischen Kenntnisse diese Urtiere wieder sozial akzeptabel zu machen versucht.

In seiner Kleinkindzeit hat Jens viele Verluste erfahren. Seine sehr junge Mutter ließ ihn hinsichtlich seiner körperlichen Pflege verwahrlosen und gab ihn schließlich zur Großmutter. Zu dieser Großmutter entwickelte Jens ein sehr herzliches Verhältnis, bis diese an Krebs starb, als er fünf Jahre alt war. Obwohl Jens von Anfang an als ein sehr braves Kind beschrieben wird, das sich immer bemühte, die Forderungen seiner Bezugspersonen zu erfüllen, hat sein Bemühen nie ausgereicht. Jens konnte sich anstrengen, so viel er wollte, er konnte Menschen, die er brauchte, nicht in seiner Nähe halten.

Nun hat Jens neue Eltern gefunden, an denen er sehr hängt.

Wieder versucht er durch das fehlerlose Erfüllen der an ihn gestellten Aufgaben zu verhindern, dass er wieder verlassen wird. Sein Motto lautet: »Wenn ich mich nur genügend anstrenge, wird alles gut!« Es ist zu vermuten, dass Jens neben seinem starren Bemühen, die Norm der Erwachsenen zu erfüllen, um seine Angst zu bannen, inzwischen auch intensive Gefühle von Wut und Zorn unterdrückt.

Jens braucht psychotherapeutische Hilfe. Er muss in einer langfristigen therapeutischen Beziehung nachholen, was ihm das Leben als Kleinkind verwehrt hat: Vertrauen, dass er liebenswert genug ist, um Menschen dazu zu veranlassen, bei ihm zu bleiben und ihn zu begleiten. Auf diese Weise ist zu hoffen, dass Jens seine psychische Grundausstattung aufbauen und er irgendwann sein Selbst »nähren« kann. Erst dann wird Jens sich nicht mehr an die Lehrerin klammern, er wird Kontakt mit anderen Kindern auf eine nicht stereotype Art aufnehmen, und seine Zwangshandlungen hinsichtlich seiner Aufgabenbewältigung für die Schule werden verschwinden.

Die Ich-Experten:
Das Abenteurer-Kind oder die Kunst
der Erfahrung

Ich bin mutig und aktiv!

Dominik hat vor einem halben Jahr eine Zahnspange bekommen, weil seine Zähne ziemlich weit vorstehen. Heute ist er zur Kontrolluntersuchung beim Kieferorthopäden.

Arzt: »Hast du die Zahnspange auch getragen, Dominik?«
Dominik: »Ich vergesse sie immer! Wenn ich sie nicht finde, dann kann ich sie mir auch nicht in den Mund klemmen.«
Arzt: »Trägst du sie denn wenigstens zu Hause bei den Hausaufgaben und in deiner Freizeit und vor allem in der Nacht?«

Dominik *(kippelt mit dem Stuhl, wird rot und schaut unbeteiligt zum Fenster hinaus)*: »Ich hab kaum Hausaufgaben! Na ja, und nachts ...«

Arzt: »Ja, Dominik, das wird wohl der Grund sein, warum du jetzt eine Zahnspange bekommen musst, die du nicht mehr rausnehmen kannst. *(Der Arzt macht sich noch einmal in Dominiks Mund zu schaffen.)* »Ja, dann wollen wir mal einen neuen Gipsabdruck machen.«

Dominik: »Ich will die doofe Zahnspange nicht! Da lachen mich alle aus.« *(Als der Arzt sich umdreht, springt Dominik auf und rennt mit rotem Kopf aus dem Behandlungszimmer. Krachend fällt die Tür ins Schloss.)*

Nachdem Peter beim ersten Besuch in der Beratungsstelle die Begrüßung und erste Fragen hinter sich gebracht hat, steht er auf und zieht die Kiste mit den Monsterfiguren aus dem Spielzeugregal. »Geil«, meint er, »Sie haben tolle Transformers!« Dann zieht er sich die Boxhandschuhe an, die ebenfalls auf dem Regal liegen, und fordert seine Mutter halb im Spiel, halb ernst zum Kampf heraus.

Es ist das Entwicklungsmotiv Autonomie, das diese Kinder zur Eigenständigkeit antreibt. Und es sind die psychischen Organisationsprinzipien des Empfindens durch die Sinne und des Wahrnehmens mit dem Bestreben, immer im Brennpunkt des Geschehens zu stehen, welche Abenteurer-Kindern die Aufnahme neuer Erfahrungen erleichtern, die nur sie selbst machen können.

Abenteurer-Kinder erfahren ihre Umwelt durch die Sinne: Sie sehen, schmecken, tasten, riechen und hören genau, wobei sie eine Vorliebe auch für sehr poetische Details haben. Im Spiel versehen sie ihre Szenen mit liebevoll ausgesuchten Einzelheiten, die gar nicht zu ihrem Draufgängertum zu passen scheinen. Sie lieben rhythmische Musik, und sie genießen es, gut zu essen. Manche Abenteurer-Kinder rücken zur Diagnosesitzung an der

Beratungsstelle mit gezielt zusammengestellten Essenspaketen an. Speisen können sie sehr ausdrucksvoll beschreiben. Spaghetti mit Tomatensauce schmecken nicht nur gut, sondern sie flutschen auch in den Mund, machen Geräusche und riechen toll. Genauso eindrücklich beschreiben sie aufregende Aktivitäten wie das Fangen von Fischen im Meer, das Springen über Skischanzen, das Surfen im Wind. Je älter sie werden und je geordneter sie erzählen können, desto mehr gelingt es ihnen, den Zuhörer wie in einen Film einsteigen zu lassen, in welchem er die Ereignisse sinnlich-konkret miterlebt.

In der Beratungsstelle fassen sie gern Sand und Ton an und machen auch Bemerkungen darüber, wie sich deren Konsistenz und ihr Geruch verändert, wenn Wasser dazukommt. Auch draußen spielen sie gern in Sand und Schlamm und kommen dann verdreckt und mit Löchern in den Hosen nach Hause. Ihre Welt bringen sie gern ins Haus, und ihr Zimmer kann einem Warenlager an Kuriositäten gleichen, vom rostigen Nagel bis zum Vogelskelett, deren Wert nur sie selbst kennen. Sie können sehr naturverbunden sein, lieben Tiere, wenn sie auch manchmal etwas grob mit ihnen umgehen, und sie haben einen Schatz an Kenntnissen über lebensweltlich-praktische Zusammenhänge. Bei der Durchsicht ihrer Zeugnisse fällt auf, dass die Noten in den Sachfächern häufig sehr viel besser sind als die Noten in Deutsch, in Mathematik oder später den Fremdsprachen.

Wichtig ist ihnen ihr Körper, und sie haben Freude an ihrer Leiblichkeit. Eltern berichten von einem starken Bewegungsdrang ihrer Kinder, deren Vorliebe für Bewegungsspiele im Freien, ihrer Freude am Sport, vor allem an sportlichen Betätigungen, die man in der Gruppe machen kann. Sie mögen sich aber auch mit Vorliebe zu rhythmischer Musik bewegen, und manche Kinder dieses Typus tanzen gern.

Gefühle können Abenteurer-Kinder leicht zeigen, und sie lassen andere teilhaben an ihrer Gemütsverfassung. Da ihre

Ich vorm Fernseher, wie die Deutschen Europameister werden.

Reizschwelle niedrig ist, geraten sie oft in Wut, ihre Impulskontrolle ist gering, und sie sind in der Schule häufig in Raufereien verwickelt. Auch in ihrem Spiel- und Arbeitsstil sind sie impulsiv, sie lassen sich rasch auf Situationen und Aufgaben ein, verlassen sie aber auch ebenso schnell wieder, wenn ein neuer Anreiz ihnen mehr zu bieten scheint. Vor allem unbekannte und aufregende Situationen ziehen sie an. Was sie gern tun, erleben sie als lustvoll, und solange diese Lust anhält, bleiben sie dabei. Erzählt man ihnen in Unterricht oder Beratung Geschichten, wollen sie immer wieder neue Geschichten hören, deren einzige Vorgabe ist, dass sie aufregend sein müssen. Wenn sie dieselbe Geschichte mehrmals zu hören verlangen, dann nur aus dem Grund, um einen einzigen spannenden Augenblick immer wieder zu erleben.

Der achtjährige Sven türmt in den Spielstunden vor dem Trampolin einen immer höher werdenden Berg von Schaumstoff- und Stoffkissen auf, bis dieser Berg schließlich seine Körpergröße bei weitem übersteigt. Dann hüpft er auf dem Trampolin, bis er richtig in Schwung ist, um dann den entscheidenden Mut-Moment zu genießen, in dem er in den Kissenberg hineinspringt.

Sven beschreibt eindrücklich, dass es weder das Springen auf dem Trampolin ist noch das Landen in den Kissen, sondern der aufregende Moment: »Trau ich mich oder trau ich mich nicht?«, der ihn manchmal die ganze Stunde das Spiel vom »Sprung in den Kissenberg« wiederholen lässt.

Das Denken der Abenteurer-Kinder ist auf praktische Handlungen mit Objekten gerichtet. Man könnte auch sagen, dass diese Kinder große Freude an dem zeigen, was die Entwicklungspsychologie mit Funktionslust bezeichnet. Abenteurer-Kinder wollen die Dinge konkret untersuchen und handelnd mit ihnen umgehen. Dabei können sie völlig in ihrem Tun aufgehen, wobei sie am Tun selbst interessiert sind, nicht an der Fertig-

stellung eines Gegenstand oder der Beendigung einer Aufgabe. Sie können stundenlang Schlagzeug spielen, auf dem Fußballplatz den Ball ins Tor schießen oder mit dem Skateboard unermüdlich versuchen, ein Hindernis zu überwinden.

Dennoch sind Abenteurer-Kinder geneigt, ein Betätigungsfeld zu verlassen, sobald es sie langweilt. In der Beratung klagen Eltern und Lehrer dann: »Er tut nur das, was er will!« Und die bange Frage lautet: »Wie kann man ihn zum Wollen bringen?« Der Begriff des Übens oder des Trainierens ist bei diesen Kindern nicht angebracht. Sie trainieren nicht, um ihre Leistung zu verbessern und ein fernes Ziel zu erreichen, vielmehr gehen sie in der Gegenwart in ihrem Tun auf und verbessern dann als »Abfallprodukt« gleichsam nebenbei ihre Leistung. In der Schule, in der Lernen und Leistung durch Anstrengung erworben werden wollen und in der ein eher asketischer Lernbegriff vorherrscht, ernten diese Kinder wenig Lob. Bei Hausaufgaben arbeiten sie flüchtig, stehen doch schon die Freunde an der Tür, um sie in eine Lernwelt zu begleiten, die ihnen gemäßer ist: Das richtige Leben wartet vor der Tür.

Sie sind auch häufig in einen Machtkampf mit ihren für Pflicht und Ordnung verantwortlichen Eltern verwickelt, in erster Linie mit ihren Müttern. Da Aufgabenorientierung und Terminplanung ihnen fremd sind, wissen sie oft nicht, welche Hausaufgabe sie machen sollen. Außerdem müssen sie ständig an ihre Pflichten gemahnt werden. »Hast du schon ...?«, ist eine der Standardfragen an das Abenteurer-Kind. Die Eltern, von der Schule zur Verantwortung gezogen, sind ratlos, schämen sich, versagt zu haben, und fühlen sich schuldig. Manchmal retten sich Eltern und Lehrer, indem sie die Kontrolle über die Hausaufgaben verschärfen und im Hausaufgabenheft gegenzeichnen. Resigniert meint dann das Abenteurer-Kind: »Man gewöhnt sich an alles.«

Im Unterricht nehmen Abenteurer-Kinder gern Kontakt zu anderen Kindern auf oder unterhalten die Gleichaltrigen als

Klassenclown. Oft versuchen sie, wenig attraktives Lernen aufregender zu gestalten, indem sie die Handlung verfremden, oder sie verzieren ihre Hefte mit Aufklebern und witzigen Zeichnungen. Aus ihren Arbeitsblättern machen sie Papierflieger oder Figuren, sie trommeln den Takt zu Gedichten und verstoßen in jeder nur möglichen Weise gegen die Schulordnung. Sitz still! Kannst du nicht warten! Du musst dir das einprägen, damit du später ...! Konzentriere dich! Stell dich ordentlich in die Reihe! Erst die Arbeit, dann das Spiel! Das alles sind Aufforderungen und Ermahnungen, die Abenteurer-Kinder immer wieder hören, mit denen sie aber wenig anzufangen wissen. Das mögen auch die Gründe sein, warum diese Kinder in unserem Schulsystem so oft anecken und in der schulpsychologischen Beratung die Abenteurer-Kinder am häufigsten vertreten sind.

Das Bedürfnis dieser Kinder nach aufregenden Erlebnissen und nach Geselligkeit ist groß. Sie suchen den Umgang mit anderen und schließen sich rasch an. Meist haben sie mehrere Freunde und nehmen gern an Gruppenaktivitäten teil. Das Fußballspiel entspricht ihnen daher mehr als Judo. Aufgrund ihrer vielfältigen Sozialkontakte können diese Kinder in der Klassenhierarchie einen oberen Platz einnehmen. Sie sind begeisterte Bandenführer, gerecht und hier eisern auf Regeln bedacht, Letzteres wohl auch zum Schutz vor der eigenen Impulsivität.

Es sind Situationen, die gefährlich sind und die Mut verlangen, in denen diese Kinder sich beweisen und in denen sie gedeihen. Sie lieben Überraschungen. Das Vorbestimmte, Geplante und Geordnete ist nicht ihre Sache. Ist es Zeit, in die Schule zu gehen oder anderen Verpflichtungen nachzukommen, hat das Abenteurer-Kind noch tausend andere Dinge zu erledigen. Es ist nie fertig, macht sich aber wenig Gedanken darüber, dass es zu spät kommen könnte. »Meine Tanja möchte ein intensives Leben«, meint eine Mutter und leitet mit dieser Bemerkung die Frage nach der Organisation der Zeit ein.

Abenteurer-Kinder sind ständig in Zeitnot, denn die Welt ist spannend und in ihr gibt es unendlich viel zu entdecken.

Der elfjährige Patrick fasst in seinen drei Wünschen an sein Leben alles zusammen, was Abenteurer-Kindern wichtig ist:

Wunsch 1:   Mehr Ferien (damit ich mehr Zeit habe)
Wunsch 2:   Bester Spieler beim Eishockey (damit ich von anderen bewundert werde)
Wunsch 3:   Ich möchte mehr über die Natur wissen (damit ich mich in der Natur besser auskenne und mehr erlebe)

Langweilig ist vor allem die Schule, die Hausaufgaben sind »blöd«. Und manchmal sinnieren Abenteurer-Kinder einfühlsam über ihre Erfahrungen: »Komisch, in der Freizeit hab ich nie Langeweile, da reicht die Zeit nicht. Nur in der Schule, da denk ich immer, das vergeht nie.« Und das Urteil von Lehrern und Lehrerinnen über Abenteurer-Kinder lautet: »Der Ralph ist ein kluger Kopf, schade dass er so schludert.«

Was Abenteurer-Kinder nicht mehr brauchen, lassen sie einfach fallen, da sie viel zu beschäftigt sind, aufzuräumen. Auch zu Geld haben sie wenig Bezug, wenn Einteilung und Planung gefordert sind. Ihr Taschengeld ist rasch verbraucht, und sind sie in Not, scheuen sie nicht davor zurück, sich an dem Geldbeutel anderer zu vergreifen oder sich auch Freunde zu kaufen.

Mit ihrem ausgeprägten Bedürfnis nach Spannung und Wettbewerb sind Abenteurer-Kinder die wahren Krisenmanager. In therapeutischen Spielstunden geht es häufig um den Kampf der Guten gegen die Bösen, wobei sie sich mit den guten Helden identifizieren und phantasievoll die Schattenfiguren besiegen. Ihre Helden gehören der Actionszene an, und ihre Lieblingstiere sind starke, schnelle Raubtiere, vor kurzem als »Modeerscheinung« auch die Dinosaurier ihres bizarren Aussehens und ihrer Größe wegen.

Draußen ist es am tollsten. Da kann man Fußball spielen und ganz viel machen.

Wie Abenteurer-Kinder Krisen bewältigen

Fassen wir den Lebensstil des Abenteurer-Kindes noch einmal kurz zusammen. Das Abenteurer-Kind hat ein starkes Bedürfnis nach Bewegung. Es wird von den Objekten angezogen, es will sie mit den Sinnen erfahren und handelnd mit ihnen umgehen. Regen die Dinge das Kind nicht mehr an, verliert es das Interesse daran und wendet sich reizvolleren Objekten zu. Erlebnisse müssen Neues bieten, um diese Kinder zu fesseln. Alle diese Eigenschaften und Handlungsmuster können sich unter Stress in kritischen Lebensereignissen verstärken und dann dem Kind die Orientierung in der Welt verwehren.

Auf stressreiche Veränderungen im Lebenslauf reagieren Abenteurer-Kinder mit vermehrter Unruhe. Durch erhöhte Impulsivität versuchen sie die Spannung zu lindern. Aus Bewegungsdrang wird dann Rastlosigkeit, aus dem Bedürfnis nach Anregung wird Übererregung, aus dem fließenden Wechsel von Handlungen wird Sprunghaftigkeit. Die Äußerung von Gefühlen zeigt sich dann in albernem Lachen und in Wutanfällen bei geringsten Frustrationen. Die Zeitspannen, in denen sich das Kind mit den Dingen beschäftigt, werden immer kürzer, und das Handeln erscheint ziellos. Eltern, Erzieher und Lehrer fassen diese Symptome im Bild des Zappelphilipps zusammen.

Das Zappelphilipp-Syndrom ist nicht neu. Schon im 19. Jahrhundert veröffentlichte der Nervenarzt Heinrich Hoffmann in seinem Kinderbuch *Struwwelpeter* die erste nicht wissenschaftliche Beschreibung eines zappeligen Kindes. Die Bezeichnung Zappelphilipp hat sich umgangssprachlich bis heute erhalten, und inzwischen ist eine Fülle von Büchern sowohl auf medizinischem wie psychologischem Hintergrund zum Verhalten und zum Umgang mit diesen Kindern erschienen. In diagnostischen Nachschlagewerken wird dieses Verhalten als Aufmerksamkeits- und Hyperaktivitätsstörung vorgestellt und als Zeitpunkt des ersten Auftretens die Kleinkindzeit genannt. Meine Erfahrung ist jedoch, dass viele Kinder erst nach Schuleintritt die beschriebene Unruhe und Rastlosigkeit entwickeln. Benützt man als theoretischen Hintergrund den Kindertypus des Abenteurer-Kindes, dann wird der Zappelphilipp als ein Kind unter Stress gesehen, das versucht, durch Überaktivierung seines an sich heilen und angepassten Lebensstils eine Krise zu bewältigen. Auf diese Weise verzerrt sich das Verhalten, es wird dysfunktional und das Kind wird in seiner Entwicklung gehemmt.

Gestalttherapeuten bezeichnen das Verhalten von Kindern, die einerseits motorisch sehr unruhig sind, die zappeln und ständig in Bewegung sind, andererseits ihre Aufmerksamkeit nur sehr kurz bei einer Sache halten können und in ihrem Verhalten äußerst impulsiv sind, als emotional bedingte Kontaktstörung.[17] Die Kinder sind unfähig, befriedigenden Kontakt zu sich selbst, zu Aufgaben und Dingen und zu anderen Menschen herzustellen und aufrechtzuerhalten. Sowohl die Fähigkeit dieser Kinder zu anregendem Sinneskontakt wie die Fähigkeit, äußerst konzentriert im Fluss des Geschehens zu »surfen« und dann mit ihrem Tun zu verschmelzen, erleiden dadurch eine starke Einschränkung. Abenteurer-Kinder können ihre eigentlichen Kompetenzen nicht mehr für ihre Entwicklung einsetzen. Sie sind gleichsam ihres Selbst beraubt.

Abenteurer-Kinder sind angezogen von allem, was sie umgibt. Ihre wichtigste psychische Funktion ist die (Sinnes-)Empfindung, und ihr Zugehen auf die Welt ist offen und aufnahmebereit für neue Eindrücke. Steigt ihre innere Erregung und sinkt die Reizschwelle, sei es aufgrund von körperlich bedingten Ursachen oder aufgrund von emotionalen, dann verstärken sich ihre Unruhe und ihre Impulsivität. Die Ursachen, unter denen sich der Lebensstil von Abenteurer-Kindern verzerrt, können wie bei allen Krisen vielfältig sein: kurzfristige traumatische Ereignisse wie ein Unfall, kritische Lebensereignisse, die hohe Anpassungsleistungen erfordern wie die Einschulung, oder auch erzieherische Einflüsse wie ständiges Lob der Eltern für besonders aktives Verhalten.

Ist das unruhige und impulsive Verhalten erst einmal zur Gewohnheit geworden, reagieren die Kinder im Klassenzimmer auf jedes Geräusch, auf jede Bewegung oder einen anderen Stimulus. Sie stehen vom Platz auf oder sind unfähig, mit ihrer Antwort zu warten. Sie sind aber auch von sich aus nicht fähig, angemessen Kontakt mit ihrer Lebenswelt aufzunehmen. In der Beratungsstelle nehmen sie ein Spielzeug in die Hand, um es alsbald wieder fallen zu lassen. Sie wenden sich dann einem neuen Objekt zu, bevor sie sich jedoch wirklich mit dem Spielzeug zu beschäftigen beginnen, lassen sie auch dieses fallen – sie verlieren das Interesse daran.

Das Tragische ist, dass diese Kinder, die aufgrund ihres Typus so begierig auf einen kontaktvollen Umgang mit der Welt sind, nicht wirklich in Beziehung zu ihr treten können. Die Kinder sehen, ohne wirklich zu sehen, sie fassen an, ohne wirklich anzufassen, sie hören, ohne wirklich zu hören. Die Klagen von Eltern lauten dann: »Severin hört nie zu, es geht zum einen Ohr rein und zum anderen raus!« Auf diese Weise machen diese Kinder keine Erfahrungen mehr, sie schaffen vielmehr ein Vakuum zwischen sich und der Umwelt, das sie durch noch mehr Unruhe zu überwinden suchen.

Mit ihren Aktivitäten erreichen sie jedoch ihr Selbst nicht: Ihre psycho-emotionale Entwicklung stagniert. Nur selten können diese Kinder vom sicheren Ort des Selbstgefühls aus Beziehung zu ihrer Lebenswelt aufnehmen, und die emotionale Leere, in der sie leben, ist verantwortlich für ihre »innere Wüstenei«, wie eine Mutter die Befindlichkeit ihres Kindes methaphorisch ausdrückte, für Langeweile und Überdruss. Um diese »ekligen Gefühle« loszuwerden, suchen Abenteurer-Kinder in Krisensituationen immer drängender nach neuen Sensationen. Auf diese Weise erklärt sich auch der Niedergang der

Mir ist nie langweilig, außer in der Schule. Mit meinen Freundinnen probier ich immer neue Sachen aus.

guten Ausstattung für den Aufbau sozialer Fertigkeiten: Abenteurer-Kinder sind ihren Mitmenschen gegenüber entweder distanzlos oder aggressiv, aufdringlich oder verletzend und heimsen damit hauptsächlich Ablehnung ein.

Da vorrangig Sinne und Körper als wichtige Grundlage für die Ausbildung der Empfindungsfunktion blockiert sind, können Abenteurer-Kinder nicht nur nicht mit den Sinnen die Welt aufnehmen, sie können auch Signale in ihrem Körper kaum wahrnehmen oder angemessen damit umgehen. So können sie zum Beispiel Erregung, wie sie durch heftige Gefühle wie Wut und Zorn ausgelöst wird, in ihrem Körper nicht lokalisieren und erhalten dadurch kein Signal, das ihnen die Kontrolle ihrer Impulse erleichtert. Wutanfälle überfallen sie in unpassenden Augenblicken, und sie sind ihnen hilflos ausgeliefert.

Spüren sie Erregung nicht, so auch nicht Entspannung. Bei Phantasiereisen oder Entspannungsübungen, die Kontakt mit dem Körper und fokussierte Aufmerksamkeit verlangen, wird das Vakuum zwischen sich und der Welt für Abenteurer-Kinder besonders spürbar, und sie werden extrem unruhig und bestätigen wieder das vorgefertigte Bild des Erziehers.

Gefährlicher als die erwähnten unkontrollierten Wutanfälle ist für die Entwicklung dieser Kinder eine andere Strategie, durch die sie befriedigenden Austausch mit wichtigen und nahen Personen verhindern. Um das Ausgeliefertsein an tiefer liegende Gefühle zu vermeiden, die verletzbar machen wie Zuneigung und Liebe, die Schmerz bereiten wie Traurigkeit, Enttäuschung und Scham, sind diese Kinder bemüht, solche Gefühle schon im Keim zu ersticken. Stattdessen zeigen sie oberflächliche und weniger gefährliche Ersatzgefühle. Statt »Ich bin traurig« sagen sie »Das ist blöd« oder »Macht nichts«. Auf diese Weise vergrößert sich ihre innere Leere, und diese Abenteurer-Kinder, die eigentlich so gerne lustvoll mit der Welt Verbindung aufnehmen, sich in ihr bewegen und handeln, die Geselligkeit lieben, haben an keiner ihrer Schein-Aktivitäten mehr Spaß und leiden an ständiger Langeweile.

Aufgrund ihres unruhigen und impulsiven Verhaltens erhalten Abenteurer-Kinder in Krisensituationen wenig positive Rückmeldung, sowohl für ihren Umgang mit anderen Menschen als auch für ihr eigenes Lern- und Arbeitsverhalten. Vielmehr erfahren sie Abwertung, Ablehnung und die Botschaft: Du bist nicht richtig, so wie du bist. Die Botschaften der Umwelt übernehmen sie im Laufe der Zeit als entwicklungshemmendes subjektives Motiv. Ungenau benannt und dennoch deutlich spürbar verankert das Abenteurer-Kind in seinem Selbst die Botschaft: »Ich habe einen Defekt!«

Aus dem geselligen, lebensfrohen und neugierigen Kind mit vielfältigen sozialen Kontakten ist ein rastloses, unaufmerksames Kind geworden, das ständig in Raufereien oder Attacken gegen andere verwickelt ist, das von der Klasse abgelehnt wird und als Klassenkasper versucht, sich ein wenig von dem Bedürfnis nach Geselligkeit zu holen, das es so sehr zu seiner Entwicklung braucht.

Die diagnostische Aufgabe besteht darin, einzuschätzen, inwieweit es dem Kind noch gelingt, Kontakt mit den Objekten aufzunehmen und Erfahrungen zu machen. Die Äußerung von authentischen Emotionen kann eine Hilfe für die Diagnose sein.

Konstantin oder der drohende Verlust der Freizeit

Der zehnjährige Konstantin geht in die 4. Klasse. In der Beratungsstelle wird er angemeldet, weil einerseits Eltern und Lehrer ihm aufgrund seiner vermuteten kognitiven Kapazität mehr als durchschnittliche Schulleistungen zutrauen, andererseits er seit dem 4. Schuljahr häufig in Raufereien auf dem Pausenhof verwickelt ist. Diese Raufereien machen besonders den Eltern Sorge und wecken alte Schuldgefühle wegen der Trennung der Eltern vor drei Jahren. Konstantin wohnt bei der Mutter, zu beiden Eltern besteht jedoch ein guter Kontakt.

Konstantin ist ein kräftiger Junge mit einer langen dunklen Locke im Genick, auf die er großen Wert legt. Mit seinem Aussehen ist er voll zufrieden, und er bewertet sein Selbstbild des Äußeren in einem Fragebogen zum Selbstkonzept hoch. Gesenkten Blickes, mit offenen Schuhbändern und einer Baseball-Kappe auf dem Kopf betritt Konstantin mit seiner Mutter das Beratungszimmer, wobei der Kappenschirm jeden Blickkontakt verhindert. Er ist sichtlich wütend und unterdrückt mühsam seinen Zorn. Darauf angesprochen, meint er sofort, dass er »sauer« ist, weil heute zwei Stunden Sport auf dem Stundenplan stehen.

Als ich Verständnis zeige, zieht er die Kappe vom Kopf und deutet auf den »He-Man« im Regal: »Den kenn ich!«, meint er und ist schon am Regal, wo er die Spielsachen einzeln in die Hand nimmt, sie sorgfältig begutachtet und kommentiert. Er lässt sie dabei von einer Hand in die andere gleiten, weist auf Farben und Formen hin und stellt den Bezug zu seiner Spielwelt her. Ich begleite ihn auf der Verhaltens- und der emotionalen Ebene: »Den kennst du gut ..., den schaust du genau an ..., der gefällt dir.« Da er sich ernst genommen fühlt, ist er schließlich bereit, sich auf die diagnostische Untersuchung einzulassen. Sie hat das Ziel, herauszufinden, welche Schulart für ihn günstig ist.

Bevor er sich an die Arbeit macht, ergreift Konstantin eine Handpuppe, einen Wolf mit scharfen Zähnen und einer heraushängenden Zunge, und legt sie auf den Tisch. »Der schaut zu!«, sagt er. Im diagnostischen Gespräch erzählt er lebhaft von seinen vielfältigen Freizeitinteressen: dem Volkstanz bei der Feuerwehr, dem Fußballtraining im Sportverein, dem Bau eines Elektroautos bei einem befreundeten Mechaniker, dem er assistieren darf, dem Fischer, der ihn zuweilen auf den See mitnimmt. »Was ich am Nachmittag tu, ist das Wichtigste für mich«, meint er. Schule bewertet Konstantin als langweilig, »da kann man nie tun, was man will.« Nur die Sportstunde trifft sein Interesse und die Arbeit im Schulgarten. »Aber Schule muss sein!«, beendet er das Thema.

Seine Erzählungen sind voll mit sinnlichen Eindrücken. Ich fühle mich bald in seinen Film versetzt, so als erlebte ich ihn jetzt. Spricht Konstantin von einem frühmorgendlichen Fischfang, dann beschreibt er den Nebel auf dem Wasser, die Stille, in der nur das Tuckern des

Motors hörbar wird, das Aufspritzen der Wassertropfen, wenn das Boot durchs Gewässer pflügt, sowie die Temperatur und die Empfindung des Wassers auf seiner Haut, wenn er die Hand aus dem Boot ins Wasser taucht. »Das ist ein ganz tolles Gefühl!« Spricht er von der Hausaufgabensituation, dann ist es nicht die Aufgabe, die ihn gefangen nimmt, sondern der Blick aus dem Fenster, die Eiche davor, die Felder und der dunkle Wald, dort wo Himmel und Erde einander begegnen: »Wissen Sie, ganz hinten, da ist der dunkle Wald, und dann fängt gleich der Himmel an. Das sieht natürlich nur so aus.« Konstantin ist sehr naturverbunden: Er macht sich große Sorgen über die Zerstörung der Umwelt und will Naturforscher werden, damit er helfen kann, die Natur zu bewahren. In ein Büro will er nicht. »Da komme ich mir so eingesperrt vor wie in der Schule«, ist sein Kommentar.

Im projektiven Szeno-Test tafeln die Menschen und bewegen sich im Freien. Bäume, Blumen, Tiere, alles ist liebevoll und mit Sorgfalt und Interesse für wichtige kleine Einzelheiten arrangiert. Großvaters Hut hängt am Liegestuhl, in den Bechern ist ein Getränk (Wasser), und buntes Obst steht zur Erquickung bereit. Es ist eine heitere, lustvolle Szene, in der Konstantin in der Rollenidentifikation der Großvater sein will, der Mittelpunkt der »nährenden Szene« ist. In der »verzauberten Familie« stellt er alle Familienmitglieder symbolisch durch Utensilien dar, die für ihre jeweils liebste Freizeitbeschäftigung stehen: ein Fotoapparat, ein Computer, ein Fußball, nur die Mutter wird als Staubsauger gezeichnet. Die Welt der Pflicht wird abgewertet oder wie die Schule auch als unabänderliches Muss hingenommen mit der Aussicht auf spätere Freiheit, »damit ich später werden kann, was ich will.«

Im Sätze-Ergänzen tauchen wieder sinnliche, genussreiche und handlungsbezogene Aussagen auf, und die Lust an Veränderung wird deutlich:

Die Welt ... *ist schön, da kann ich mich freuen.*
Als ich noch klein war ... *habe ich mit meinen Eltern in einem kleinen Hexenhaus auf dem Land gelebt. Das war ganz überwachsen von vielen Blumen im Garten, dort roch es immer so gut, ich glaub, das war von der Wiese.*

Zu Hause ... ist es gut, da kann ich mir was mit Lego ausdenken. Mit Playmobil mag ich nicht spielen, da kann man ja nichts machen, die sind immer gleich.
Meine Freunde ... sind prima. Wir fahren in den Wald. Dort haben wir ein Lager in einer Höhle. Da findet uns niemand. Wir können tun, was wir wollen.
Die Schule... ist langweilig, aber da muss ich hin.

Konstantin ist sehr reizempfindlich. Jedes Geräusch in der Beratungsstelle irritiert ihn, sei es das Telefon oder Stimmen auf dem Gang. Auch in der Schule fühlt er sich rasch gestört von Lärm. In der Schule hat er viele Freunde, von denen einer ihm sehr nahe steht: »Der kämpft auch so gern wie ich!«

Die kognitiven Fähigkeiten des Kindes weisen ihn in den logischen Denkfähigkeiten und der Raumvorstellung als überdurchschnittlich begabt aus, die verbalen Fähigkeiten und die konzentrativen, gemessen an der Leistung in der Bewältigung automatisierter Aufgaben, erreichen jedoch das Niveau der logischen Denkfähigkeiten nicht. Der Gesamtwert liegt an der Grenze zur Gymnasialeignung.

Konstantin gehört nicht zu den Kindern, deren Lebensstil sich zu einer Kontaktstörung verzerrt hat. Er kann mit Menschen und Dingen in Beziehung treten und vielfältige Erfahrungen machen. Dennoch kann die Schule Konstantin nicht bieten, was er zu seiner Persönlichkeitsentwicklung braucht: Freiraum und eigenbestimmte Aktivitäten. Er ist sehr erleichtert, als ich empfehle, ihn auf die Realschule zu schicken, damit Zeit für die Freizeitaktivitäten bleibt. Was die Raufereien betrifft, so übe ich mit Konstantin mit den Schaumstoffschlägern Regeln ein, die er mit seinem Freund ausprobieren kann, damit er ein wenig von seiner überschüssigen Kraft loswird. Hinsichtlich Konstantins Umgang mit der Trennung der Eltern vor drei Jahren können diese beruhigt werden: Konstantin scheint die Trennung bewältigt zu haben.

Das Schlaukopf-Kind oder die Kunst, durch Wissen Kontrolle zu erhalten

Ich bin clever und kompetent!

Dorothea geht mit ihrem Vater zum Augenarzt, weil ihrer Lehrerin auffiel, dass sie beim Schreiben sich tief über ihr Blatt beugt, so tief, dass sie beinahe »mit der Nase schreibt«. Der Augenarzt verkündet Dorothea, dass sie eine Brille braucht.

Dorothea: »Ich mag aber keine Brille!«

Vater: »Der Doktor sagt aber, dass du eine brauchst.«

Dorothea: »Meine Augen sind in Ordnung. Ich kann doch lesen und das besser als viele in der Klasse. Und überhaupt, wie hat der Arzt das denn herausgefunden?«

Vater: »Ich weiß, dass du gut liest. Die Brille soll dir das nur erleichtern.«

Dorothea: »Wir gehen einfach zu einem anderen Augenarzt.«

Vater: »Warum denn das?«

Dorothea: »Ich habe da so 'ne Sendung im Fernsehen gesehen, und da sagen die auch, dass man immer noch einen anderen Arzt fragen soll.«

Vater: »Versteh ich nicht.«

Dorothea: »Der Doktor kann ja einfach was Falsches gesagt haben.«

Vater: »Ich erinnere mich, dass ich als Kind auch keine Brille tragen wollte. Und ich denke, es geht dir auch so.«

Dorothea: »Ich weiß nicht. Wenn der andere Doktor auch sagt, dass ich eine Brille brauche, kann ich mir das noch überlegen.«

»Die Welt?«, wiederholt Klaus das Reizwort in einem Test, »da will ich vieles wissen. Es ist gut, wenn man weiß, was da los ist.« Klaus gehört der relativ kleinen Gruppe der Schlaukopf-

Kinder an, die seltener in der schulpsychologischen Beratung auftauchen als die Abenteurer-Kinder, mit denen sie das Streben nach Autonomie teilen. Die Art und Weise, wie sie diese zu erlangen suchen, ist jedoch eine völlig andere. Schlaukopf-Kinder nehmen die Welt denkend wahr und orientieren sich in ihr, indem sie ordnend Kategorien bilden, Daten gruppieren und Schlüsse ziehen. Finden sie keine Erklärung, fragen sie unaufhörlich danach. Das Denken zusammen mit der Intuition als Gabe der Vorstellung sind die wichtigsten psychischen Funktionen für ihre Orientierung in der Welt. Schlaukopf-Kinder sind ernste Kinder, die durch ihre rationale Bewältigung oft altklug wirken und älter, als sie wirklich sind.

Unter den Schlaukopf-Kindern finden sich leidenschaftliche Sammler, die sich eigene Systeme ausdenken, um die Gegenstände ihrer Passion – Münzen, Briefmarken, Insekten, Pflanzen usw. – aufzubewahren. Ihr Zimmer erscheint oft als ein Chaos, doch haben sie ihr eigenes Ordnungssystem und finden, was sie suchen, was sie wiederum vom Abenteurer-Kind unterscheidet, das hektisch im Chaos nach dem gewünschten

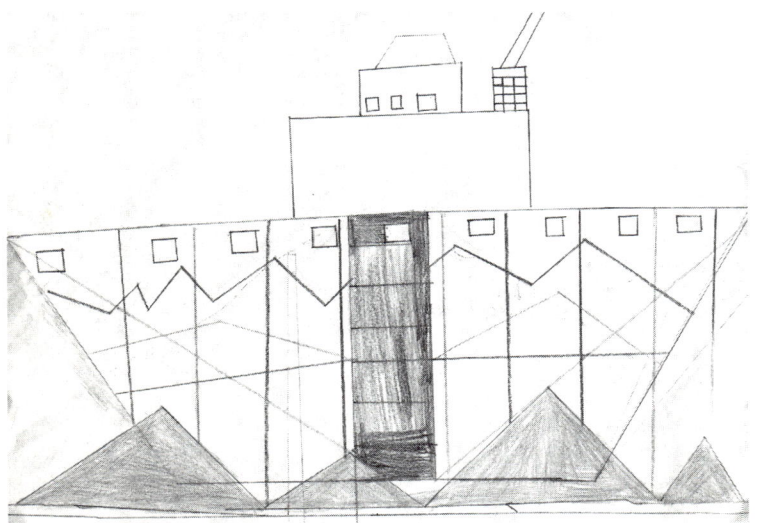

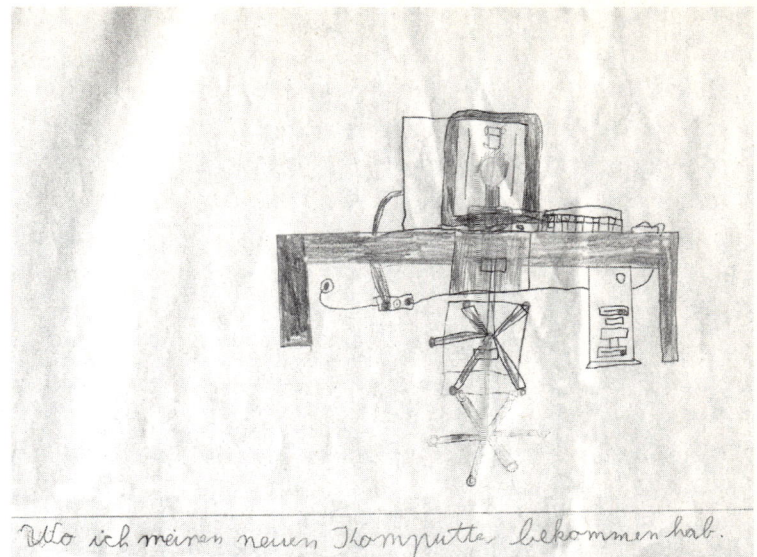

Wo ich meinen neuen Komputter bekommen hab.

Gegenstand herumwühlt. Nichts ist schlimmer für das Schlaukopf-Kind, als wenn ihm die Mutter beim Aufräumen ihre eigene Ordnung aufzuzwingen versucht.

Diese Kinder wollen früh wissen, wie die Ereignisse zusammenhängen, denen sie ausgesetzt sind, und warum sie was tun sollen. Ist es nicht möglich, ihnen eine einleuchtende Erklärung zum Beispiel für erzieherische Forderungen im Alltag zu geben, weigern sie sich strikt, einer Aufforderung nachzukommen. Eltern sprechen in der Beratung vom »Dickkopf« ihres Kindes (»Die könnten Sie totschlagen – wenn sie's nicht einsieht, stellt sie sich stur«), aber auch davon, dass ihr Kind ihnen schon früh »ein Loch in den Bauch« gefragt habe. Haben Schlaukopf-Kinder eine Sache verstanden, sind sie verlässliche Verfolger dessen, was sie eingesehen haben.

Anders bei intellektuellen Problemen: Ist die Lösung gefunden, können Schlaukopf-Kinder vollständig das Interesse verlieren. Auch Geschichten wollen sie nicht mehr als einmal

hören. Haben sie die Lösung erfahren, die Botschaft aufgenommen, wissen sie, wie die Personen ihr Problem gelöst haben,
wollen sie eine neue Geschichte hören. Lebensprobleme oder
intellektuelle Probleme sind für sie wie ein Kriminalroman, der
an Spannung einbüßt, wenn man den Code kennt.

Kinder dieses Typs erwecken den Eindruck, als ob sie ständig nach der Formel suchten, mit der sie die Welt und ihr
Funktionieren darin wahrnehmen, erklären und prognostizieren können. Ihr Lebensstil macht sie zu geborenen Forschern
vor allem auf naturwissenschaftlichem Gebiet, aber auch zu
Computerspezialisten, die neue Systeme kreieren. Ihr Motor
heißt »Ich will verstehen«, und sie fragen früh auch nach
ästhetischen und moralischen Kategorien, um einen Schlüssel
zum Verstehen zu erhalten. Auch sind sie begierig nach Informationen, die ihnen bei der Urteilsbildung helfen können. Als
Berufswunsch geben sie Paläontologe, Archäologe, Astronom
oder Informatiker an, wobei die Fremdworte eine besondere
Faszination auf sie ausüben, aber auch »Forscher zur Bewah-
rung der Natur« und Detektiv kommen vor. Als Begründung
des Berufswunsches Detektiv meinte ein Mädchen: »Da kann
ich immer herausfinden, wer Schuld hat und wer nicht. Ich
mag den Dingen auf die Spur kommen.«

Ist die Welt und wie sie in ihr funktionieren sollen verstehbar
und rational erklärbar, fühlen sich Schlaukopf-Kinder sicher,
und ihre Kontrollüberzeugung wächst. Schlaukopf-Kinder wollen die Welt verstehen, um sie kontrollieren zu können. Diese
Kinder sind wissbegierig, aber nicht vorrangig aus Neugierde
oder gar Lust an der Sensation, sondern sie wollen Zusammenhänge verstehen, um auf diese Weise den Überblick zu behal-
ten und zu wissen, was auf sie zukommt und wie sie ihr
Verhalten entsprechend planen können.

Die Suche nach Antwort auf die Frage, warum was wie getan
werden soll, von der Eltern immer wieder berichten, zeigt sich
alsbald auch in der Beratung. Transparenz ist oberstes Gebot,

will man diese Kinder diagnostisch untersuchen und vermeiden, sie zu verletzen. Warum dieser Test, warum jene Zeichnung, warum dieses Spiel und warum jene Handpuppe? Welche Erkenntnis ist daraus zu gewinnen? Diese Kinder sind früher als andere Kinder ihrer Altersstufe daran interessiert, dass sie in einer für sie verständlichen Sprache Rückmeldung darüber erhalten, zu welchen Ergebnissen der Testleiter durch seine Instrumente gelangt. Es genügen Auskünfte wie: »Das kannst du besonders gut, das fällt dir schwer, das ist für dich wichtig.« Zu beachten ist aber auch, welche Auswirkungen die Mitteilung der Ergebnisse für die Lebensplanung der Kinder haben kann, denn daran sind sie besonders interessiert.

Haben sie Vertrauen gefasst, dann beginnen Schlaukopf-Kinder auch die Regeln in der Beratungsstelle zu hinterfragen: »Warum darf man hier nichts mitnehmen?« Oder sie erkunden den Zweck der Einrichtungsgegenstände: »Warum haben Sie einen Sandkasten?« Und schließlich stellen sie die Kardinalfrage: »Warum bin ich hier?« Es ist günstig für diese Kinder, wenn der Grund ihrer Vorstellung an der Beratungsstelle vor Beginn der Einzeluntersuchung mit ihnen geklärt und ein Vertrag ausgehandelt wird für die Zeit ihres Hier-Seins.

Das Bestreben dieser Kinder ist auf »vernünftige Unterhaltung« gerichtet, sie wollen in ihren Fragen ernst genommen werden, um auf diese Weise die nötige Sicherheit zu erlangen, sich auf die neue Situation einzulassen. In Therapiestunden suchen sie nicht sofort nach einer Spielaktivität, sie verharren auch nicht gelangweilt an einem Platz, sondern nehmen wie Erwachsene erst einmal Platz und beginnen sich besonnen zu unterhalten. Dabei überdenken Schlaukopf-Kinder distanziert-reflektierend die Ereignisse der letzten Woche oder sie halten Vorträge über naturwissenschaftlich-technische, geschichtliche, geografische oder ökologische Fragen und begleiten ihre Ausführungen gekonnt mit Skizzen auf dem Flipchart oder der Tafel.

Tom, neun Jahre alt, ist ein hoch begabtes Kind, das im Rechtschreiben versagt und in der Klassengruppe sich hilflos-aggressiv gebärdet. Als Ältester hat er in den letzten Jahren in kurzer Zeit die Geburt von drei kleineren Geschwistern zu verkraften gehabt. Tom erhält sowohl eine Therapie für die mangelhafte Rechtschreibung wie Spielstunden für die Stärkung seines Selbstgefühls.

Seine Spielstunden beginnt er damit, einen großen Hinkelstein zu basteln. Als er fertig ist, lädt er sich ihn auf den Rücken und demonstriert auf diese Weise, dass man sehr stark sein muss, um so viel »Schweres« im Leben zu tragen. Dann beginnt er mir seine Kompetenzen zu zeigen, um Sicherheit zu gewinnen. Er hält ausführliche Vorträge über Maschinen, die er mit seinem Fischer-Technik-Kasten konstruiert, über das Funktionieren der Solartechnik und deren Segnungen, über die Entstehung der Schrift. »Rechnen ist wie Spielen«, beendet er diese Phase und geht zu Strategiespielen über, in denen er mich fast immer schlägt. Erst sehr viel später wagt er es, seine Gefühle der Einsamkeit und Angst mit mir zu teilen, die ihn manchmal sehr quälen.

Anders als das Pflicht-Kind, welches auf der Suche nach Zugehörigkeit die soziale Umwelt zum Maßstab seines Verhaltens macht, versuchen Schlaukopf-Kinder sich ihre Maßstäbe selbst zu setzen. Es ist ihre eigene Autorität, vor der ihr Denken, ihr Tun und Handeln Bestand haben müssen, nicht so sehr die Autorität der Erwachsenen oder der Gesellschaft. Es ist wichtiger, ihrer eigenen Anschauung die Treue zu halten, als der einer Autorität zu folgen, ein Thema, das für die Kinder dieses Typs im Jugendalter besonders wichtig werden kann. Die Forderung der Erwachsenen: »Du sollst das tun, weil ich es will!«, ist für diese Kinder unzureichend und kann sie in Panik versetzen.

»Benjamin ist unbestechlich!«, meint eine Mutter aufseufzend, als wir ein mögliches Eingehen auf ihren Siebenjährigen besprechen, der Probleme beim Erwerb der Lesetechnik hat, »er liest nur, wenn er selbst es will.« Bei Schlaukopf-Kindern haben die eigenen Interessen Vorrang, und sie können ihren

Standpunkt äußerst aggressiv verteidigen. Sie gelten aus diesem Grund auch als egoistisch und nur an sich selbst interessiert, was ihnen die Aufnahme und das Aufrechterhalten von Beziehungen erschwert.

Das Anspruchsniveau von Schlaukopf-Kindern ist hoch und sie versuchen ständig, sich selbst zu verbessern und ihre Kompetenz zu erweitern. Nicht anderen wollen diese Kinder es recht machen, sondern sich selbst. Fehler im eigenen Denken und Handeln gilt es auszumerzen. Während sie ständig an der Verbesserung ihrer Fähigkeiten arbeiten, sind Schlaukopf-Kinder sich selbst die strengsten Anwälte. Sie sind sich selbst gegenüber ausgesprochen selbstkritisch und ständig auf der Hut vor eigenen Fehlern. Spott durch andere verstärkt die Selbstkritik. »Ich hasse meinen Vater, der macht immer so blöde Witze über meine Fragen«, meint der zwölfjährige Franz.

In der Beratung berichten Eltern, dass ihr Kind sich selbst unter Leistungsdruck setze, und sie bemühen sich sehr, deutlich zu machen, dass nicht sie durch ihre Anforderungen den Stress erzeugen, sondern das Kind selbst. Verzweifelt bemühen Eltern sich dann, den Kindern ihre Selbstansprüche auszureden, mit dem Ergebnis, dass die Kinder sich nicht verstanden fühlen und noch strenger mit sich sind. Eltern haben meist den Wunsch, dass in der Beratung Möglichkeiten aufgezeigt werden, wie sie ihren Kindern helfen können, den Druck zu lindern, den diese sich selbst machen.

Wie das obige Beispiel von Tom nahe legt, bringen Schlaukopf-Kinder selbst erfundene Geheimschriften oder auch gezeichnete Maschinen mit, an denen immer wieder ein Teil verbessert wird. In ihren Spielwelten werden auch ihre intuitiven Persönlichkeitsanteile sichtbar. Es sind keine Szenen poetischer Art, die sie erfinden, auch keine Abenteuersituationen, sondern sie entwerfen gut funktionierende Welten, die nach Plan ablaufen und zu deren Funktionieren nur sie selbst den

Schlüssel in der Hand halten. Selbst dem Numinosen versuchen sie mit naturwissenschaftlichen Methoden auf die Spur zu kommen, und im Religionsunterricht können sie sich zu hartnäckigen Fragern entwickeln.

Früh wenden sie sich heute dem Computer zu. Während aber das Abenteurer-Kind noch lange an fertigen Actionspielen Freude hat, ist das Schlaukopf-Kind schon längst damit beschäftigt, die Kunst des Programmierens zu lernen, um sein eigenes Programm zu erstellen. Und wenn sie sich einmal auf ein altersgemäßes Rollenspiel einlassen, zum Beispiel den Kampf der Ritter gegeneinander, dann fechten Schlaukopf-Kinder nach der Art virtueller Welten mit winzigen Playmobil-Schwertern. Es dauert lange, bis sie sich den lebensechten Schaumstoff-Schlägern und -Schwertern zuwenden. Aber auch dann beschäftigen sie sich nur für kurze Zeit, möglichst in der Art eines Experiments, mit ihnen.

Gefühle sind unstet und wenig planbar, sie machen verletzlich und boykottieren die Kontrolle. Sie lassen sich durch die Frage nach dem Warum nicht aufklären und können nicht sicher prognostiziert werden. Gefühle schaffen Verwirrung, und genau dieser möchte das Schlaukopf-Kind entgehen. Durch Nichtbeachtung ihrer Emotionen versuchen Kinder dieses Typs, die Situation unter Kontrolle zu halten, oder sie setzen ihre Hoffnung in die Befolgung von Regeln, auf deren korrekter Einhaltung sie bestehen. Sie können dabei äußerst aggressiv werden. Was für ihre eigenen Gefühle gilt, erwarten sie auch von anderen. Das Nichtbeachten von Gefühlen bringt diesen Kindern wiederum die Rückmeldung, dass sie wenig einfühlsam seien und egoistisch und kalt wirkten.

Vor allem von innen geleitete Kinder dieses Typs halten Abstand zu anderen Menschen. Zu viel Nähe halten sie schwer aus und das Schild mit der Aufschrift »Bitte nicht stören!« gehört zu ihrer Grundausstattung. So bestehen sie auch darauf, dass die Familienangehörigen anklopfen, bevor diese ihr Zim-

Es ist gut, wenn man weiß, was in der Welt los ist. Drum lass ich mir von den Eltern und Lehrern alles genau erklären.

mer betreten, falls sie über ein eigenes Reich verfügen. Müssen sie das Zimmer mit Geschwistern teilen, dann sind sie bestrebt, sich ruhige Ecken des Rückzugs einzurichten. In früheren Zeiten, als in einer Familie noch viele Kinder auf engem Raum zusammenlebten, markierte das Schlaukopf-Kind oft mit Kreide einen Bereich auf dem Boden, in den die Geschwister nicht eindringen durften. »Wie es seinem kleinen Bruder geht, ist ihm völlig egal«, meint eine Mutter, deren jüngeres Kind wegen einer Mandeloperation in der Klinik lag. »Sebastian kümmert sich nur um sich selbst.«

Schon im Säuglings- und Kleinkindalter fallen diese Kinder auf, weil sie körperlichen Kontakt ablehnen. Sie schmusen wenig und zeigen ihren Eltern ihre Zuneigung nur selten. Mütter fühlen sich von ihren Schlaukopf-Kindern häufig zurückgestoßen und wenden sich bei mehreren Kindern schließlich den zugänglicheren zu. Und die Kinder äußern dann, dass ihre Eltern die Geschwister mehr lieben als sie: »Meine Mutter mag die Manuela einfach mehr als mich!«, ist der vorwurfsvollresignierte Kommentar eines Schlaukopf-Kindes.

Schlaukopf-Kinder beherrschen nicht die Kunst, bei Erwachsenen und Kindern positive Gefühle zu erwecken. Sie geraten aus diesem Grund häufig in einen Teufelskreis von Rückzug und Beziehungslosigkeit. Dabei fühlen sich diese Kinder oft einsam und anders als ihre Altersgenossen. In Persönlichkeitsfragebogen stimmen sie Aussagen wie »Mich versteht niemand« oder »Ich fühle mich oft einsam« vorbehaltlos zu. Dabei sind diese Kinder emotional eher sogar empfindsamer als andere, sie sind nur wenig geübt im Umgang mit ihren Emotionen und den Gefühlen anderer Menschen.

Schließen sie Freundschaften, dann meist nur mit einem Kind. So antwortet Dorothea auf die Aussage: Mit meinen Freundinnen mache ich gern lustige Sachen: »Ich hab nicht viele!« Schließen sie sich einem anderen Kind an, dann sind ihre Freundschaften tief gehend und halten lange. Bei Gruppenaktivitäten halten sich Schlaukopf-Kinder häufig am Rand. Familienfeste, Jahresrituale wie Weihnachten oder Ostern, ja sogar die Feier ihres Geburtstags, noch dazu, wenn damit das Einladen vieler Kinder verbunden ist, bereiten ihnen Schwierigkeiten. Familienfeste sind ihnen des sozialen Miteinanders und der emotionalen Besetzung wegen äußerst unangenehm und bei Jahresritualen stellen sie deren Sinn früh in Frage.

Auch hier wird deutlich, dass die Themen des Schlaukopf-Kindes in der Pubertät zum Problem werden können, wenn das Thema Beziehungen in den Vordergrund rückt und die Macht der Eltern nachlässt.

Wie Schlaukopf-Kinder Krisen bewältigen

Auf stressreiche Veränderungen im Lebenslauf reagieren Schlaukopf-Kinder häufig mit Rückzug, vor allem wenn es auf ihre bohrenden Fragen keine befriedigende Antwort gibt. Ihren Gefühlen, seien es Aufregung oder Traurigkeit, Hass oder Rache, Enttäuschung oder Hilflosigkeit, versuchen sie keine Beachtung zu schenken. Sie verstärken dagegen ihre Suche nach rationalen Erklärungen. Nach überraschenden, nicht vorhersehbaren Verlusten wirken diese Kinder oft extrem ruhig, so dass die Erwachsenen meinen, sie seien von dem Erlebnis völlig unberührt geblieben. »Cool bleiben!«, ist für diese Kinder ein hohes Verhaltensziel. Sie wirken dann angepasst, sind aber vielmehr psychisch nicht mehr zu erreichen.

Der achtjährige Marco ist ein typisches Schlaukopf-Kind, still und vernünftig. Er wurde in der Beratungsstelle angemeldet, weil er sich tagelang in seinem Zimmer einschloss und nicht mehr bereit war, in die Schule zu gehen. Seine Leistungen waren in Ordnung und der Kontakt zu seiner Lehrerin hinreichend gut. Marco selbst sagt auch, dass sein Verhalten nichts mit der Schule zu tun habe, es sei halt langweilig dort, aber sonst sei nichts.

Seine Eltern hatten sich vor einem Jahr getrennt und kümmerten sich beide um Marco. Sie konnten sein Verhalten nicht verstehen, da ihm die Trennung damals nichts auszumachen schien und er jetzt eine halbe Woche beim Vater und dessen neuer Familie und eine halbe Woche bei seiner allein lebenden Mutter verbringt.

In der Interpretation der Wirkung des einschneidenden Lebensereignisses auf Marco täuschten sich die Eltern sehr. Marco hatte die Trennung der Eltern nur scheinbar gut überstanden. Er hatte den Schmerz geleugnet und sich eingeredet, dass das alles nicht so schlimm sei. Der Schmerz trat jetzt mit aller Macht zutage und raubte ihm seine Lebensenergie.

Durch die Nichtbeachtung ihrer Emotionen und ihrer verstärkten Bereitschaft, sich rational mit Verstandesargumenten zu beruhigen, verlieren Schlaukopf-Kinder nicht nur den Kontakt zu wesentlichen Bereichen ihres Selbst, sondern auch zu nahen Bezugspersonen. Sie erscheinen einerseits immer unzugänglicher, sogar arrogant, haben sie doch eine Mauer um ihre Gefühle gebaut. Andererseits können sie auch lästig sein durch die endlosen Fragen, die sie an ihre Bezugspersonen richten, bevor sie sich auf eine unbekannte Situation einlassen. Als Erwachsene verhindern sie Kommunikation mit ihren Mitmenschen, indem sie jedes Problem rational analysieren und versuchen, Konflikte allein auf der Sachebene zu lösen.

Gefühle aber lassen sich nicht dauerhaft vernachlässigen, und so wächst in kritischen Lebensereignissen bei diesen Kindern die Angst, ihre Gefühle nicht mehr beherrschen zu können und die Kontrolle zu verlieren. Erzieher und nahe Bezugspersonen sind immer wieder überrascht, wenn diese zurückhaltenden, vernünftigen Kinder sich zuweilen massiv bedroht fühlen und dann scheinbar ohne sichtbaren Grund Wutanfälle bekommen, schreien, weglaufen, andere beschuldigen und keinem Gespräch mehr zugänglich sind.

Der Rückzug vom Konfliktfeld lässt Schlaukopf-Kinder in Zeiten psychischer Belastung sich vermehrt dem widmen, was ihr oberstes Anliegen ist, der Ausbildung und Schulung ihrer Kompetenzen. Sie gehen noch strenger und unnachgiebiger mit sich um und versuchen Fehler zu vermeiden in der Hoffnung, durch perfektes Denken und Handeln die Situation wieder kontrollieren zu können. Als Erwachsene richten sie häufig die verzweifelte Bitte an ihre Partner, ihnen doch zu sagen, wie sie sich verhalten sollen. »Sag mir, was ich tun soll!« ist einer ihrer hilflosen Appelle. Solche konkreten Handlungsanweisungen verfolgen sie strikt und sind verzweifelt, wenn sie dann immer noch anecken und das Problem in keinster Weise gelöst ist.

Schlaukopf-Kinder werden durch ihr Verhalten vor allem in der Grundschule häufig zu Außenseitern, und bei guter intellektueller Grundausstattung geht es ihnen in weiterführenden Schulen meist besser. In die Beratungsstelle kommen diese Kinder einerseits, weil Eltern, Erzieher und Lehrer sich beklagen, das Kind nicht mehr erreichen zu können, andererseits aber auch, weil diese Kinder beginnen, auf ihrem ureigensten Gebiet, dem des intellektuellen Leistungsbeweises, zu versagen. Sie blockieren bei Probearbeiten, was in ihrem subjektiven Bezugssystem einem völligen Kontrollverlust gleichkommt. Sie entwickeln psychosomatische Beschwerden, durch die sie kurzfristig das Feld des Konflikts verlassen können, und sie zeigen zuweilen auch Ticks als Ausdruck des massiven Stresses, unter den sie sich selbst setzen. Sie entwickeln Zwangsgedanken und Zwangshandlungen oder rigide Lebensvorschriften, die sie sich selbst auferlegen. Auf diese Weise aber engen sie ihren Lebensradius immer mehr ein.

Durch den Rückzug aus den mitmenschlichen Beziehungen und der frühen Entwicklung des Intellekts entsteht bei Schlaukopf-Kindern mitunter eine große Diskrepanz zwischen emotionaler und intellektueller Reife. Mit ihrem Verstand versuchen diese Kinder dann ihr kleinkindhaftes Benehmen zu erklären und einzuordnen, wobei sie den Anschein erwecken, ihr Verhalten auch willentlich steuern zu können. Das Etikett der Dickköpfigkeit und Sturheit bestätigt sich.

Die diagnostische Aufgabe besteht darin, abzuschätzen, wie groß der subjektive Kontrollverlust ist, den die Kinder spüren, und wieweit sie sich selbst unter Stress setzen, indem sie hohe Anforderungen an ihre Kompetenz stellen. Es gilt aber auch

Einblick zu gewinnen, wie weit intellektuelle und emotionale Entwicklung auseinander klaffen und wie die Balance wiederhergestellt werden kann.

Jutta oder Krankheit und Tod der Schwester

Die neunjährige Jutta besucht die 3. Klasse. Sie wird in der Beratungsstelle wegen massiver Probleme im sozialen Bereich der Schule angemeldet. Sie kann mit niemand Kontakt aufnehmen, zieht sich entweder völlig zurück oder hat unkontrollierte Wutausbrüche. Sie greift dann andere Kinder an und behauptet, von ihnen angegriffen worden zu sein.

Die Lehrerin kann während des Gesprächs nur mühsam die Fassung bewahren und meint, dass sie am Ende ihres pädagogischen Wissens sei. Sie habe alles ausprobiert. Besonders belastet ist sie durch Juttas ständiges Nachfragen, warum sie was wie machen soll. Es scheint, dass Jutta gegen jede Anordnung der Lehrerin Widerspruch einlegt, und sie verwickelt die Lehrerin dann in endlose Diskussionen, was deren Autorität in der Klasse untergräbt: »Warum soll ich mit Grün unterstreichen? Warum muss das Heft eingebunden sein, das ist doch schlecht für die Umwelt? Warum müssen wir dieses Buch lesen? Ich kenne ein viel besseres. Warum soll ich über ein Erlebnis mit einem Tier schreiben? Ich möchte schreiben, wie der Strom entsteht, mein Papa hat mir das erklärt.«

Juttas Schwierigkeiten im sozialen Bereich haben sich in den letzten Monaten sehr verstärkt, was Lehrerin und Eltern veranlasste, sich Hilfe zu holen. In dieser Zeit ist Juttas von Geburt an herzkranke Schwester im Alter von drei Jahren gestorben. Die Schwester starb in den Armen ihres Vaters, als Jutta ins Zimmer kam. Dieses einschneidende Verlusterlebnis beschäftigt Jutta heute noch, und auch die Eltern befinden sich nach wie vor im Trauerprozess.

Jutta empfindet Wut und Hass auf die Schwester, die jahrelang die ganze Aufmerksamkeit der Eltern beansprucht hat, aber sie fühlt sich auch schuldig an ihrem Tod. »Die blöde Paula, ich bin schuld, dass sie gestorben ist!«, lässt sie im Handpuppenspiel ihre Identifikationsfigur, eine kluge Katze, sagen. Das Verhältnis zur toten Schwester ist geprägt von Ambivalenz. Im Gespräch meint Jutta: »Jetzt bin ich ein Einzelkind, das ist toll!« Anschließend äußert sie ihren Zweifel und ihre Schuldgefühle, mit denen sie dieses Privileg erkauft hat. Ihre bange Frage, wenn auch nicht explizit in Worte gefasst, lautet: »Bin ich schuld, dass meine Schwester tot ist?«

Die Mutter berichtet, dass Jutta mit Fäusten auf sie losgegangen sei, wenn sie die kleine Schwester im Zimmer auf- und abgehend zu beruhigen versuchte. Dann wieder hätte Jutta sich rührend um Paula gekümmert und sich sehr besorgt gezeigt. Seit dem Tod der Schwester fragt sie ständig nach Informationen, wo Paula nun sei. Sie will genau wissen, woher die Mutter ihr Wissen hat, und wenn diese ihre Unsicherheit eingesteht, meint sie enttäuscht: »Du weißt gar nichts!«

Die einzigen ihr im Augenblick zur Verfügung stehenden Ressourcen sind Juttas gut trainierte Denkfunktion, ihre Intelligenz und ihre Schulleistungen. Jutta hat eine realistische Einschätzung ihrer guten kognitiven Fähigkeiten. Sie weiß jedoch, dass ihre Intelligenz und ihr auf dem Verstand aufgebauter Lebensstil jetzt bei der Bewältigung ihrer emotionalen Probleme versagen. »Ich bin gescheit«, meint sie, »aber das hilft nichts.« Im Sätze-Ergänzen-Verfahren zeigen die Antworten deutlich die Dominanz der Denkfunktion, mit der Jutta sich im Leben zu orientieren versucht:

Ich möchte gerne wissen ... *warum meine Schwester gestorben ist. Und dann noch, warum Glühwürmchen leuchten.*
Manchmal überlege ich ... *warum ich auf der Welt bin.*
Die Welt ... *ist interessant, da kann ich lernen, wo der Strom herkommt.*
Die Schule ... *ist langweilig, die machen so Babysachen.*

Eindringlich reflektiert Jutta über ihre Verhaltensweisen: »Wenn ich nur nicht so frech wäre und immer alles anders haben will. Aber das kommt einfach so, da kann ich gar nichts machen. Nachher ist es nicht gut.« Auf meinen Versuch einer Einfühlung: »Da schämst du dich«, blickt sie zu Boden und schweigt.

Aus anderen Daten wird deutlich, dass Jutta sich häufig fremd und einsam fühlt. Sie bestätigt die Fragen und Aussagen »Fühlst du dich oft einsam?«« und »Ich glaube, mich versteht niemand««. Im Sätze-Er-gänzen hört sich das so an:

Die Erwachsenen ... verstehen Kinder nicht.
Andere sagen von mir ... dass ich komisch bin. Seit die Paula tot ist,
bin ich noch komischer.

Jutta wünscht sich sehnlich eine Freundin, was sie im Sätze-Ergänzen als Wunsch nach einer Pille ausdrückt, die ihr die Freundin besorgt. Den Reizsatz »Ich brauche ...« ergänzt sie mit den Worten *eine Pille, die mir eine Freundin verschafft.* Die Mutter will ihr behilflich sein und lädt immer wieder das eine oder andere Mädchen aus der Klasse ein. Jutta ist dann sehr aufgeregt, will aber rasch bestimmen, was gespielt wird. Sie vereinnahmt die Spielgefährtin völlig, die dann ihre eigenen Bedürfnisse nicht befriedigen kann und sich weigert, ein zweites Mal zu kommen. Außerdem spielt Jutta am liebsten selbst erdachte Spiele mit Figuren und einem Würfel, die den Mädchen dann langweilig werden.

Mit ihrer gut trainierten Denkfunktion gelingt es Jutta, soziale Situationen und ihre eigene Rolle auf einer sehr rationalen Ebene zu reflektieren. Jedoch zieht sie wenig Gewinn aus diesen Reflexionen. Sie weiß, dass sie den Spielverlauf in die Hand nimmt, und begründet ihre Handlungsweise mit ihrer Sorge, dass das Spiel sonst zu langweilig werden könnte. Sie weiß, dass manche Kinder sie wegen ihrer unkontrollierten Emotionsausbrüche als wild und wegen ihrer endlosen Diskussionen mit der Lehrerin als »nervig« bezeichnen, aber sie fühlt sich hilflos angesichts der Tatsache, dass ihr Kopf sie bei der Bewältigung der Veränderungen in ihrem Lebenslauf im Stich lässt.

Jutta ist aufgrund einer jahrelangen emotionalen Vernachlässigung, eines schweren Verlustes und eines traumatischen Erlebnisses in eine Krise geraten. Sie und ihre Eltern brauchen Hilfe bei der Trauerarbeit, die auch Juttas Schulproblematik mit einschließt. Die Lehrerin erhält eine Erklärung für die Hintergründe von Juttas provokativen Fragen und ihren unkontrollierten Affektausbrüchen vornehmlich anderen Kindern gegenüber. Sie braucht aber auch Hilfe, wie sie Jutta in solchen Situationen mehr Raum für eigenbestimmtes Lernen zugestehen kann.

Die Persönlichkeits-
struktur der Kinder-
typen im Überblick

Um die Verhaltensweisen von Kindern einem Typus zu-
ordnen zu können, aber auch um ein differenzierteres
Verstehen des Kindertyps zu ermöglichen, möchte ich an dieser Stelle einen Überblick über die Persönlichkeitsstruktur dieser Kinder geben. In der Tabelle auf der nächsten Seite fasse ich
dazu zunächst die vier Kindertypen, so wie sie eben vorgestellt
wurden, nochmals im Überblick zusammen.

Ging es bei der Beschreibung dieser Kindertypen gleichsam
um das Bild, welches wir von Kindern gewinnen, um die
»Außenperspektive«, möchte ich nun noch kurz die innere
Verarbeitung dessen, was auf Kinder in ihrer Lebenswelt ein-
wirkt, und die Art, wie sie zu Regisseuren ihres Verhaltens
werden, die »Innenperspektive«, erläutern.

Diese innerpsychische Verarbeitung von Eindrücken kann
man in einem Modell auf drei Ebenen darstellen (vgl. Seite
128). Natürlich ist ein solches Modell eine sehr vereinfachte
Darstellung der Realität, weil seelische Prozesse meist gleich-
zeitig und oft auch nicht bewusst ablaufen. Dennoch trägt es
wie alle anderen Modelle, denen sich die Psychologie zur
Erklärung menschlichen Verhaltens bedient, zur Klärung offe-
ner Fragen bei.

Die vier Kindertypen im Überblick

Lebens- und Bewältigungsstil in Krisen

	Wir-Experten		Ich-Experten	
Entwicklungsmotive	Zugehörigkeit durch →		Autonomie durch →	
	Einfühlung	**Pflichterfüllung**	**Erfahrung**	**Wissen / Kompetenz**
Pläne / Einstellungen / Funktionen	_Intuition_ Vorstellung, Phantasie, innere Bilder, Zukunft	_Empfindung_ Realität, Pragmatik, Tun, Erfahrung, Vergangenheit	_Empfindung_ Sinne, Kontakt, Genuss, Geselligkeit, Erfahrung, Gegenwart – Vergangenheit	_Intuition_ Vorstellung, Ideen, Hintergründe, Prognose, Zukunft
Kognition / Emotion	_Fühlen_ Gefühle, subjektives Erleben, Harmonie	_Urteilen_ Entscheidung, Ergebnis, Abschluss, Struktur	_Wahrnehmen_ Informationen in Fülle, im Fluss des Geschehens, Überraschung, Prozess, Tun	_Denken_ kognitive Durchdringung, intellektuelle Klarheit, objektive Ergebnisse, Kontrolle, Planung
Verhalten / Fertigkeiten / Ressourcen	zuhören, lesen, phantastische Geschichten lieben, innere Bilder ausdrücken, aufmerksam sein auf Äußerungen anderer, persönliche Geschenke machen, in seelisch-geistiger Verbindung mit anderen sein, sich einfühlen, andere verstehen, mit anderen mitschwingen	beobachten, Normen und Aufgaben erfassen, Dienste anbieten, Fertigkeiten zur Aufgabenerfüllung trainieren, lange Zeit aufmerksam sein, sich anstrengen	Dinge ausprobieren, Risiken eingehen, sich begeistern, Energie durch Selbsttun gewinnen, Kontakt mit anderen suchen, sich bewegen, sinnliche Genüsse lieben, nach neuen Lösungswegen suchen	Fragen stellen, Schlüsse ziehen, Pläne machen, Wissen erwerben, sich ertüchtigen (intellektuell), verstehen wollen, eigene kognitive Strategien entwerfen
Bestätigung	_Ich bin kostbar!_	_Ich bin nützlich!_	_Ich bin mutig und aktiv!_	_Ich bin clever und kompetent!_
	Das Seelchen-Kind	Das Pflicht-Kind	Das Abenteurer-Kind	Das Schlaukopf-Kind

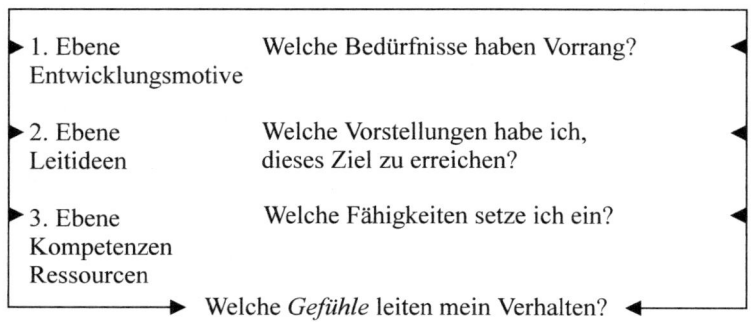

Gefühle haben nach diesem Modell viel mit dem dominanten Entwicklungsmotiv Zugehörigkeit beziehungsweise Autonomie zu tun. Sie hängen unmittelbar davon ab, ob das jeweilige Entwicklungsmotiv befriedigt wird oder nicht. Wie das Entwicklungsmotiv den subjektiven Sinn bestimmt, den Kinder einem Ereignis geben, sei an einem Beispiel verdeutlicht. So wird das Abenteurer-Kind in seinen wachsenden Fertigkeiten beim Skilaufen eine Selbst-Erhöhung finden und Freude am Verschmelzen mit seinem Tun. Das Pflicht-Kind dagegen wird bei derselben sportlichen Betätigung nur dann Freude haben, wenn es zum Beispiel auf diese Weise die Gunst des geliebten Großvaters erwirbt und sich ihm nahe fühlt. An einer Intensivierung des Selbst-Gefühls durch die Verbesserung seiner Skilaufkünste ist es wenig interessiert, denn sein subjektiver Sinn folgt nicht dem Entwicklungsmotiv nach Autonomie, sondern dem nach Zugehörigkeit. Das Pflicht-Kind freut sich natürlich auch, wenn es immer besser Ski laufen kann, aber wirklich von innen heraus nur dann, wenn der geliebte Großvater diesen Fortschritt auch bemerkt.

Während das Entwicklungsmotiv die innere Programmrichtung vorgibt, gestaltet die Leitidee der Verwirklichung dieses Motiv kognitiv und emotional aus. Kinder unterscheiden sich nicht nur in ihren Entwicklungsmotiven, sondern auch in ihren

Handlungsplänen. Sucht ein Kind nach Zugehörigkeit, so wird es Vorstellungen darüber entwickeln, wie es Nähe und Bindung herstellen kann. Versucht es dagegen im Rahmen seiner kindlichen Abhängigkeit Autonomie zu erreichen, so wird es Pläne und Leitideen entwerfen, auf welche Weise sich Selbständigkeit und Distanz bewerkstelligen lassen. Die Leitideen sind gleichsam Mittler zwischen den Entwicklungsmotiven und dem konkreten Verhalten. Das Gefühl antwortet im einen Fall positiv auf Annäherung und im anderen auf Distanz und beeinflusst auf diese Weise sowohl das Erstellen von neuen Leitideen wie auch das Verhalten in der konkreten Situation.

Erst auf der Ebene des Verhaltens wird die Leitidee, der Plan, sichtbar. Fertigkeiten, die häufig eingesetzt werden, verbessern sich und sind erfolgreich, andere dagegen verkümmern.

Ein Kind, das zum Beispiel bei Verlusten rasch zu weinen beginnt und auf diese Weise seine Hilflosigkeit und die ersehnte Zuwendung und Nähe durch Bezugspersonen erfährt, wird in ähnlichen Situationen wieder in Tränen ausbrechen (Seelchen-Kind). Ein anderes Kind, das bei Verlusten ein Nachlassen seiner Gefühle von Hilflosigkeit erfährt, indem es diese Gefühle unterdrückt und sich so emotional vom Geschehen abwendet, und sein Streben nach »Cool-Sein«, nach Selbständigkeit und Autonomie befriedigt (Schlaukopf-Kind), wird auch bei ähnlich schmerzlichen Situationen durch vielfältigste Verhaltensweisen dafür sorgen, möglichst keine Gefühle aufkommen zu lassen. Tröstungen von anderen Menschen sind diesem Kind unangenehm, da könnten die eigenen Gefühle nicht mehr in Schach gehalten werden. Ein Kind dieses Typs will sich auf keinen Fall hilflos zeigen.

Auf diese Weise erwerben Kinder automatisierte Verhaltensmuster, welche mit der Entwicklung des Typus sich immer mehr verbessern und dem Kind schließlich als Kompetenzen oder Ressourcen zur Verfügung stehen.

Manchmal ist das Verhalten von Kindern identisch oder zumindest sehr ähnlich, und doch kann diesem ähnlichen Verhalten ein sehr unterschiedliches Entwicklungsmotiv zugrunde liegen. Erst wenn ich den Kindertypus in seiner Persönlichkeitsstruktur kenne, kann ich das Verhalten des Kindes einfühlsam verstehen. So können Kinder aus sehr unterschiedlichen Bedürfnissen die Gesellschaft von Gleichaltrigen suchen. Abenteurer-Kinder, die Autonomie (von der Bevormundung der Erwachsenen) und aufregende Erlebnisse in der Gemeinschaft anderer lieben, folgen einem anderen subjektiven Sinn als Seelchen-Kinder, für die Nähe und Miterleben wichtig sind. Wird für die einen durch die Anwesenheit anderer die Intensität von Erfahrungen erhöht, so richtet sich die Intention der Handlung bei Letzteren direkt auf die Person des Gegenübers. Nur durch Kenntnis des Handlungsplans (Erfahrung beim Abenteurer- und Einfühlung beim Seelchen-Kind) und des Entwicklungsmotivs, welches den subjektiven Sinn des Kindes deutlich macht (Autonomie oder Zugehörigkeit), ist ein wirklich verständnisvolles Gespräch mit dem Kind möglich.

Typgerechte Angebote zum Lernen und zur Krisenbewältigung

Unterschiedliche Lernweisen und Lernhilfen

Wenn Kinder in die Schule kommen, so finden sie dort eine bestimmte und von einer Vielzahl von Regeln strukturierte Lernumwelt vor. Mit Schulfähigkeit wird der Entwicklungsstand von Kindern bezeichnet, sowohl in kognitiver wie psycho-emotionaler Weise den Anforderungen dieser Lernumwelt gerecht zu werden. Im traditionellen Unterricht wird davon ausgegangen, dass alle Kinder einer bestimmten Altersstufe letztlich gleich sind und deshalb dieselben Bedürfnisse haben. Das didaktische Repertoire, das Lehrer in der Regelschule einsetzen, richtet sich auf alle Kinder einer Klassengruppe gleichermaßen.

Obwohl die Unterrichtsprinzipien der Differenzierung und der Individualisierung seit langem in den Katalog der didaktischen Techniken aufgenommen sind, werden sie entweder sparsam oder aber auch isoliert im Rahmen der Gesamtplanung eingesetzt. Mit ihrer Hilfe sollen Nischen geschaffen werden für Kinder, die dem Anspruchsniveau und dem Lerntempo der Mehrheit der Klasse nicht folgen können.

Was die Hausaufgaben betrifft, so werden Eltern einerseits angehalten, ihre Kinder zur Selbständigkeit zu erziehen, ohne dass ihnen aber differenzierte Lernhilfen für ihr »besonderes« Kind übermittelt werden. Können die Kinder dem Gleichschritt der Klasse nicht folgen, dann wird den Eltern andererseits mehr häusliche Übung empfohlen.

Kinder müssen sich dieser vorstrukturierten Lernwelt anpassen. Versuchen sie aus dem Planungskorsett auszubrechen, stören sie den Unterrichtsablauf, gefährden die Erreichung von Lernzielen und greifen die Anstrengungen des Lehrers an. Ihr Lernverhalten gilt dann als auffallend, und sie bedürfen der Behandlung. Auf diese Weise fühlen sich Eltern zuweilen als Nachhilfelehrer missbraucht, sie entwickeln aber auch Schuldgefühle, wenn ihr Kind sich nicht problemlos in das engmaschig geknüpfte Netz Schule einfügt. Irgendetwas am Kind muss falsch sein oder sie haben in ihrer Liebe und ihrem Bemühen versagt. Mit dem Etikett der Reparaturbedürftigkeit kommen dann viele Kinder in die schulpsychologische Beratungsstelle. Erst in den letzten Jahren beginnt Schule sich zögernd für individuellere Lernformen zu öffnen.

Das Konzept der Kindertypen legt einen anderen Ansatz nahe. Es wird nicht gefragt, welche Verhaltensweisen das ideale Schulkind im Unterricht und beim häuslichen Lernverhalten mitbringen sollte, sondern es wird die Frage gestellt, welche Kompetenzen das Kind eines Typus der Schule anbietet und wie der ideale Lernort aussehen sollte, an dem dieses Kind die ihm gemäßen Lernanregungen vorfindet. In der schulpsychologischen Beratung stelle ich den Eltern ihr Kind in seinen sehr persönlichen Eigenschaften vor, und es taucht dann häufig die Frage auf, welche Schule dem Kind die ihm entsprechenden Lernangebote macht. Der Aufschwung der Privatschulen mit unterschiedlichen pädagogischen Konzepten hat in diesem wichtigen Aspekt seine Grundlage.

Wie die Kindertypen sich in der Schule zurechtfinden

Folgt man den Berichten von Lehrern und vergleicht man die Anmeldezahlen von Kindern eines bestimmten Typs an der

Beratungsstelle, so ist zu vermuten, dass Wir-Experten weniger Probleme haben, sich in der Lernwelt Schule zurechtzufinden, und sie dort scheinbar weniger Hindernisse für ihre Entwicklung erfahren als Ich-Experten.

Eine Untersuchung aus der Kinderperspektive ist geeignet, ein genaueres Bild darüber zu geben, wie die Persönlichkeitsstruktur der Kindertypen und die Struktur der Schule zusammenpassen, einander hemmen oder auch fördern.

Welche Erfahrungen machen Pflicht- und Seelchen-Kinder in der Schule?

In der Schule ist es schön, wenn ich
– vom Lehrer gelobt werde und Geld einsammeln darf,
– mit meiner Freundin in der Kuschelecke Bücher ansehe.

Pflicht-Kinder sind die »idealen« Schulkinder, ich möchte deshalb mit ihnen beginnen. Aufgrund ihres Bedürfnisses nach einer organisierten und vorbereiteten Lernwelt finden sie in einem traditionell lernzielorientierten Unterricht die Sicherheit, in der sie sich wohl fühlen. Da anzunehmen ist, dass die überwiegende Zahl von Lehrern und Lehrerinnen ebenfalls dem Pflicht-Typ angehört, finden Lehrer und Schüler dieses Typs gleichermaßen Halt in einer solchen Lernwelt und bestätigen einander in der Notwendigkeit geplanter und wiederholt nach demselben Muster ablaufender Unterrichtsstunden. Dazu kommt, dass Pflicht-Kinder ihren Lehrer und ihre Lehrerin bei der Einhaltung von Regeln unterstützen und sie deren Autorität vorbehaltlos respektieren.

Auf diese Weise wird ein Beziehungskreislauf gegenseitiger Wertschätzung in Gang gesetzt, der allerdings auch die Gefahr in sich trägt, dass das Pflicht-Kind in der Schule zu wenig Anregung für das Wahrnehmen eigener Bedürfnisse und Impulse erhält und zu wenig Hilfen, solche Aufgaben zurückzuweisen, die es überfordern. Da das Pflicht-Kind begierig ist, Aufträge für den Lehrer oder die Lehrerin ebenso wie für die Mitschüler zu erfüllen, wird seine Bereitwilligkeit auch ausgenutzt, und es wird ihm häufig Verantwortung aufgebürdet, die es nicht tragen kann.

Die zwölfjährige Marianne trug sich im Schullandheim beinahe jeden Tag für den Tischdienst ein. Sie organisierte dort aber auch die anderen Haushaltshilfe-Beiträge der Klassenkameraden, ermahnte diese bei Versäumnissen an ihre Pflichten und wurde schließlich von den Lehrern als Aufpasserin in ein Schlafzimmer mit Mädchen verlegt, bei denen man fürchtete, dass sie nachts aus dem Fenster steigen könnten. Marianne entwickelte bei diesem Aufenthalt heftige Magenbeschwerden und musste schließlich vorzeitig nach Hause fahren. Ihre Stellung in der Klasse war seit diesem Landschulaufenthalt sehr schwierig und sie war zum Gespött der Mädchengruppe geworden, auf die sie hatte aufpassen müssen.

Betrachtet man trotz aller positiven Aspekte auch die problematische Seite der Erfahrungen, die Pflicht-Kinder in der Schule machen, so zeigt sich in der Beratung immer wieder, dass diese Kinder in der Schule nicht nur zu wenig Unterstützung zum Neinsagen und zum Äußern ihrer eigenen Bedürfnisse und Meinungen erhalten, sie erhalten im traditionellen Unterricht auch wenig Gelegenheit für sozial verantwortliches Handeln im Rahmen ihrer Entwicklung. Es gibt in der Schule nur eingeschränkt Möglichkeiten, kindgemäße Gemeinschaftsunternehmungen zu organisieren und sich für die Klassengruppe nützlich zu machen. Meist erschöpfen sich diese Angebote in Blumengießen, Tafelwischen, Geldeinsammeln und Ähnlichem.

Auch das ausgeprägte Bedürfnis von Pflicht-Kindern nach prompter Rückmeldung ihrer individuellen Lernfortschritte, die ihnen Sicherheit verleiht, erfährt zu wenig Beachtung. Der

Grund hierfür liegt in der didaktischen Ausbildung der Lehrer: Da bei Noten Kinder mit der Klassengruppe verglichen werden, also der soziale Maßstab als gerechte Methode der Gleichbehandlung aller Kinder betont wird, kennen Lehrer in der Regelschule keine Möglichkeiten, den individuellen Lernfortschritt von Kindern sichtbar zu machen, und sie haben bei einem solchen Vorgehen auch Sorge, sich ungerecht gegenüber den übrigen Kindern zu verhalten. Aus diesem Grund bleiben die Wünsche von Pflicht-Kindern nach der Rückmeldung über ihr Verhalten und ihren Leistungsfortschritt oft unbefriedigt.

Seelchen-Kinder brauchen anders als Pflicht-Kinder für ihre Entwicklung nicht so sehr eine Verdeutlichung der Anforderungen, der Regeln des Verhaltens und Angebote, ihr Organisationstalent zu zeigen und für andere tätig zu werden. Sie brauchen eine Beziehung, in der sie sich verstanden, angenommen und wertgeschätzt wissen. Sie starren nicht auf das Richtig oder Falsch ihres Verhaltens, sondern darauf, ob ihre Beziehung zum Lehrer oder zur Lehrerin und zu anderen Kindern nah oder fern ist. Was diese Beziehung zum Lehrer betrifft, so sind sie aufgrund ihrer Neigung zur Identifikation auf eine intime und konfliktfreie Beziehung angewiesen. Sie sind bereit, sich der Führung ihres Lehrers unterzuordnen, und passen sich dem von dieser Person vorgegebenen Lernstil an. Aus diesem Grund ist ihr Verhältnis zum Lehrer meist spannungsfrei, und sie selbst gelten in der Schule als unauffällig.

Kommt zu dieser Anpassungsbereitschaft noch die Sprachbegabung, die Seelchen-Kinder befähigt, von einem Unterricht zu profitieren, in dem die sprachliche Übermittlung von Lerninhalten dominiert, dann sind die beiden wichtigsten Fähigkeiten genannt, die es Seelchen-Kindern ermöglichen, zum Lernort Schule in guten Kontakt zu treten und entweder angenehm oder überhaupt nicht aufzufallen. Diese Sichtweise, welche die Lebens- und Lernbedingungen in der Schule für Seelchen-Kinder als entwicklungsförderlich darstellt, erfährt bei genauerer Untersuchung jedoch ebenfalls eine Einschränkung.

Grundschullehrer und -lehrerinnen haben meist eine Ausbildung genossen, die ihren Schwerpunkt auf die Übermittlung von Lernstoff legt, bei Realschul- und Gymnasiallehrern dominieren die Inhalte ihrer Fächer. Damit steht in der Ausbildung die didaktische oder fachliche Qualifkation der Lehrer im Vordergrund, nicht die der Beziehungsgestaltung. Wenig haben Lehrer gelernt, Kinder einfühlsam zu verstehen und Unterrichtsinhalte anzubieten, die es den Kindern ermöglichen, sich individuell auszudrücken. Man denke nur an die 25 oder 30 beinahe gleichen Zeichnungen, mit denen die Klassenzimmerwände häufig geschmückt sind.

Was für die Qualität von Beziehungen im Raum Schule gesagt wurde, hat auch Gültigkeit für die Freude dieser Kinder an kreativem Umgang mit Sprache. In eng geplanten Strukturen eines traditionellen Unterrichts finden Seelchen-Kinder wenig Möglichkeiten zu kreativer Sprachgestaltung. Als Lieblingsfächer nennen sie in der Beratung solche, in denen Phantasie und Beziehungsgestaltung im Vordergrund stehen: Religion und musische Fächer.

So erfahren Seelchen-Kinder von ihrem Lehrer oder ihrer Lehrerin meist eine freundliche Behandlung, ihr starkes Bedürfnis nach intimem Ausdruck und Austausch bleibt jedoch häufig unbefriedigt. Außerdem besteht im traditionellen Unterricht und auch in der fachbezogenen Freiarbeit wenig Gelegenheit zum Austausch über persönliche Belange, den Seelchen-Kinder so lieben. Oft entschädigt die herzliche Beziehung zu den anderen Kindern der Klasse das Seelchen-Kind für diesen Mangel. Und manchmal hat das Seelchen-Kind Glück und genießt das Lernen mit einem Lehrer oder einer Lehrerin, die mit einer intuitiven Begabung zur Beziehungsgestaltung ausgestattet sind und die Bedürfnisse dieses Kindertypus erkennen und befriedigen.

Ist das Kind jedoch eher zurückhaltend und scheu im Umgang mit den Klassenkameraden, so gehört es oft zu den »vergessenen« Kindern. Es weicht dann in eine Traumwelt aus, in der es Beziehung selbst gestaltet und Nähe schafft. Ist an der Krise des Kindes ein Konflikt in der Beziehung zum Lehrer oder zur Lehrerin beteiligt, so muss auf diesem Gebiet rasch gehandelt werden, da die Belastung für das Seelchen-Kind sonst seine seelischen Kräfte übersteigt. Seelchen-Kinder verweigern zu ihrem Schutz in einem solchen Falle auch den Schulbesuch.

Die siebenjährige Mareike wird in der Beratungsstelle angemeldet, weil sie morgens zu weinen beginnt und sich weigert, in die Schule zu gehen. Mareike hat eine Lehrerin, die aus Gründen, die in ihrer eigenen Biografie wurzeln, das Mädchen ablehnt. Zwar bemüht sich die Lehrerin um gerechte Behandlung, jedoch blockiert sie Mareikes Suche nach Intimität. Dazu kommt, dass Mareikes beste Freundin, die eine Art Hilfs-Ich für das Seelchen-Kind darstellte, die Klasse verlassen hat, weil die Familie in eine andere Stadt zog. Nur nach intensiven Gesprächen, zu denen sich die Lehrerin einverstanden erklärte, und einer selbststützenden Arbeit mit Mareike ist diese wieder bereit, die Schule zu besuchen und dort ein Beziehungsnetz aufzubauen, das trägt.

Welche Erfahrungen machen Schlaukopf- und Abenteurer-Kinder in der Schule?

In der Schule ist es schön, wenn ich
– knifflige Sachen lösen kann,
– wenn wir Freiarbeit machen und was anschauen gehen.

Schlaukopf-Kinder sehen dem Eintritt in die Schule mit großer Erwartung entgegen, und ihre Eltern berichten in der Beratung, wie sehr sich das Kind auf die Schule gefreut habe. Endlich glauben diese Kinder einen Ort gefunden zu haben, an dem sie sich Antworten auf ihre Fragen an die Welt erhoffen und sich dann nicht mehr hilflos zu fühlen brauchen. Ihre Erwartungen werden in vielen Fällen enttäuscht, und ihre Freude schwindet. Die Weichen für die Schulkarriere scheinen insbesondere für Schlaukopf-Kinder in den beiden ersten Schuljahren gestellt zu werden, wobei bei Eltern und Kindern der zunächst hohe Leistungsoptimismus häufig in Unsicherheit und Resignation umschlägt.

In den beiden ersten Schuljahren geht es vorrangig nicht um den Erwerb von Wissen, sondern um die Einübung in Arbeitstugenden und um ein Training in den Kulturtechniken des Lesens und Schreibens. Die langsame Hinführung zu mathematischen Problemstellungen, das Zerlegen in Teilschritte und das wiederholte Üben langweilen Schlaukopf-Kinder bei guter intellektueller Ausstattung. Sie sind dann bald unterfordert. Ihre Fragen finden keine Antwort und sind dem Lehrer eher lästig. Durch ihre Suche nach Sonderaufgaben und ihre Freude an individuellen Lösungswegen drohen sie immer wieder die Unterrichtsplanung zu zerstören. Kinder dieses Typs ziehen sich dann zurück unter der Vorgabe, den Stoff zu beherrschen, und es entstehen Kenntnislücken. Lehrer und Lehrerinnen kommentieren das Verhalten von Schlaukopf-Kindern oft dahin gehend, dass jene einen Privatlehrer bräuchten.

Kommen dazu noch Defizite im Wahrnehmungsbereich, können die Kinder die Lage der Buchstaben im Raum nicht erfassen oder die Laute nicht voneinander unterscheiden, oder können sie aufgrund von Defiziten in der Feinmotorik nicht ordentlich schreiben, dann sind sie im Erwerb des Lesens und Schreibens behindert und ihre Hefte und Arbeitsblätter zeigen ein wenig ansprechendes Bild. Oft nehmen Kinder dieses Typs dann subjektive Motive des Inhalts in ihr Selbstbild auf, dass sie dumm seien und irgendetwas mit ihnen nicht in Ordnung sei.

In der Schule gilt das Schlaukopf-Kind dann als desinteressiert und wenig begabt. Da in mündlichen Beiträgen das trainierte Denkvermögen dieser Kinder auffällt, erhalten Schlaukopf-Kinder jedoch sehr verwirrende Rückmeldungen über ihre Leistungsfähigkeit, und es gelingt ihnen nicht, ein stabiles und realistisches Selbstbild eigener Fähigkeiten aufzubauen.

Der 14-jährige Klaus besucht die Hauptschule und verweigert dort die Mitarbeit im Unterricht. Seine Hefte und alle anderen schulischen Materialien sind ein Chaos, Hausaufgaben fertigt Klaus schon lange nicht mehr an, und Eltern und der Klassenlehrer haben den Kampf inzwischen aufgegeben. In den Zeugnissen der beiden ersten Schuljahre tritt ein wissbegieriges Kind den Weg in die Schule an, aber bereits im 3. Schuljahr ist daraus ein unkonzentrierter Junge geworden, der zwar in der Sachkunde durch hervorragende mündliche Leistungen von sich reden macht, die er aber in den Probearbeiten keinesfalls umsetzen kann. Eltern und Lehrer werden in ihrer Meinung bestätigt: Der könnte schon, wenn er nur wollte! Der Junge ist halt schlampig und faul.

Klaus' sehnlichster Wunsch ist, Programmierer zu werden, und er verbringt viel Zeit nicht nur mit seinem Computer, sondern auch mit dem Anlegen seiner Käfersammlung. Weil er »so verschroben« ist, gilt er in der Klasse als geduldeter Außenseiter und nur das Wissen über den Umgang mit dem Computer rettet ihn vor dem sozialen Aus.

In der diagnostischen Untersuchung zeigt sich nicht nur eine seit langem verschleppte Lese-Rechtschreib-Schwäche, sondern auch eine überdurchschnittliche Intelligenz. Zum ersten Mal erhält Klaus eine klare Rückmeldung, was für seine Identitätssuche äußerst hilfreich ist.

Gelingt es Schlaukopf-Kindern, die Grundschuljahre unbeschadet zu überstehen, indem sie vielleicht einen Lehrer oder eine Lehrerin haben, denen es Spaß macht, ein Problem von unterschiedlichen Seiten zu betrachten und die Kinder in ihren individuellen Zugangswegen zum Lernstoff zu unterstützen, dann finden sie auf dem Gymnasium häufig endgültig den

Lernort, an dem ihr individueller Lernstil Würdigung erfährt und die Chance zur Befriedigung ihrer Wissbegierde wesentlich größer ist. Manchmal gleicht auch ein ausgefallenes Hobby die Einschränkungen ihrer Grundschulzeit aus. Gelingt das nicht, werden zum Beispiel die Wahrnehmungsprobleme nicht rechtzeitig erkannt, so tauchen Schlaukopf-Kinder in der Beratungsstelle meist im 4. Schuljahr auf, wenn der Übertritt an eine weiterführende Schule ansteht. Diagnostiziert wird dann in vielen Fällen eine starke Schulunlust und eine große Diskrepanz zwischen der intellektuellen Begabung, den großen Kenntnissen im naturwissenschaftlichen Bereich einerseits und der Leistungsbeurteilung durch Noten andererseits.

Schlaukopf-Kinder sind die Individualisten unter den Kindertypen und finden einen Unterricht wenig motivierend, in dem nach Lehrerplanung das uniforme Voranschreiten der Klassengruppe hin zum vorgegebenen Lernziel stattfindet und Formalien wie Hefteinträge und das von allen Kindern in gleicher Weise vollzogene Ausfüllen vorbereiteter Arbeitsblätter als Norm gelten. »Schule ist das Schrecklichste, was ich mir vorstellen kann!«, kommentiert das Schlaukopf-Kind seine Leiden. Es ist anzunehmen, dass diese Kinder sehr profitieren von einer Öffnung des Unterrichts, von einer Vielfalt der Lösungssuche, einer individuellen Hausaufgabengestaltung und einer Lehrerhaltung, die den eigenen Willen dieser Kinder zu schätzen weiß.

Es sind jedoch die *Abenteurer-Kinder*, die am häufigsten in der schulpsychologischen Beratung vorgestellt werden. Eltern äußern in diagnostischen Gesprächen massive Schuldgefühle, oft verbunden mit Versuchen, sich durch Schuldzuweisung an den Lehrer oder die Lehrerin zu entlasten. Die Berichte von Lehrern enthalten Klagen, dass das Kind für einen geordneten Unterricht in einer Regelschule untragbar sei, verbunden mit dem Wunsch, für das Kind eine Schule zu suchen, an der es in einer kleinen Gruppe »gefördert« werden könne. Die Abschiebung des Abenteurer-Kindes an eine Schule mit besonderer erzieherischer Betreuung steht in solchen Beratungen zuweilen drohend im Raum.

Die Schwierigkeiten, denen das Kind im Raum Schule begegnet, legen die Vermutung nahe, dass Abenteurer-Kinder an diesem Ort äußerst ungünstige Bedingungen für ihre Persönlichkeitsentwicklung vorfinden. Nun möchte man hoffen, dass diese Kinder wenigstens in ihrer Freizeit für diese Einbuße an Entwicklungsmöglichkeiten entschädigt werden. Wie bei der Besprechung der Lebenswelt unserer Kinder heute sich allerdings schon zeigte, geben auch die gesellschaftlich-ökologischen Bedingungen einer medienbestimmten und freizeitverplanten Kindheit dem Abenteurer-Kind zu wenig Möglichkeiten, sich selbst auszuprobieren und Abenteuer zu erleben. Actionfilme in den Medien genießt das Abenteurer-Kind häufig als Ersatzdroge.

Die zehnjährige Annabelle fällt in der Schule ebenso wie im Hort auf, weil sie häufig in Jungengruppen zu finden ist und sich äußerst aggressiv und provokant vor allem ihrem Lehrer und ihren Erziehern gegenüber verhält. Annabelle liebt Spiele, in denen sie als gerechte Richterin im Wilden Westen für Ordnung sorgt oder als Stuntgirl die gefährlichsten Szenen zu drehen wagt. Sie ist eine sehr geschätzte Hockeyspielerin und ihr Trainer auf dem Sportplatz äußert sich lobend über Annabelles soziales Verhalten. In der Schule hält sie sich dagegen kaum an Regeln: Sie brüllt ihre Antworten in die Klasse, macht ihre Aufgaben schnell, schnell und wird erst dann ruhiger, wenn sie sich in der Freiarbeit Aufgaben nach ihrem Interesse aussuchen darf.

Sehr überrascht war ihr Lehrer, als er im Schullandheim eine interessierte und kreative Annabelle erlebte. So scheint Annabelle viele Personen in sich zu vereinen, und es ist viel Verständnis für die Ablehnung ihres Lehrers und ihrer Erzieher notwendig, die auch den Eltern übermittelt werden muss. Für Annabelle ist im nächsten Schuljahr eine Schule wichtig, die ihr mehr von der geliebten Frei- und Projektarbeit anbietet.

Durch ihren Bewegungsdrang, ihre heftigen Gefühlsäußerungen, ihre Ablehnung asketischen Übens und ihr Bedürfnis nach sinnlich-konkreten Erfahrungen und einem handelnden Umgang mit den Dingen attackieren Abenteurer-Kinder die Normen von Schule. Viele Lehrer und Lehrerinnen interpretieren diesen Angriff allerdings als persönlichen Vorwurf an ihren Erziehungs- und Unterrichtsstil. Durch ihre Ablehnung von Disziplin und Ordnung erfahren Abenteurer-Kinder in der Schule Ablehnung und Abwertung und können dann in einen Kreislauf von Misserfolg und Versagen geraten, der geeignet ist, ihr impulsives Verhalten zu verstärken. In der Beratung äußern sie dann auf die Frage, was für sie in der Schule gut ist: »Die Pause!« Und oft gehen sie nur noch deshalb gern in die Schule, weil sie dort ihre Freunde treffen und sich verabreden können.

Abenteurer-Kinder lieben aufregende spielerische Lernerfahrungen in der Gruppe, für die sie eine Fülle von Ideen bereithalten und sich als loyale Anführer einsetzen. Da das Unterrichtsprinzip der Rhythmisierung ihnen nicht genügend Anregung und Abwechslung anbietet, versuchen sie durch themenfremde Aktionen den Unterricht spannender und die Situation für sich selbst erträglicher zu gestalten. Auf sozialem Gebiet übernehmen sie in Notzeiten die Rolle des Klassenkaspers oder des einsamen Helden, der durch mutiges Verhalten sich kurzfristig die Bewunderung der Gruppe sichert, indem er ausagiert, was andere Kinder sich nicht trauen. Durch diese Aktionen werden sie für ihre Lehrer und Lehrerinnen aufsässig, mühsam und »schwer lenkbar«.

Schule als ein vom Leben abgeschirmter Raum mit systematischem, geplantem Lernen, das ergebnisorientiert ist, die Bewältigung selbst-fremder Aufgaben in einer vorgegebenen Zeit fordert und Fähigkeiten und Fertigkeiten für eine ferne Zukunft ausbildet, widerspricht dem prozessorientierten, lustvollen Kenntnis- und Kompetenzerwerb durch entdeckendes Lernen im Hier und Jetzt, wie ihn das Abenteurer-Kind braucht. In der

Tat erhalten Abenteurer-Kinder im traditionellen Unterricht zu wenig Angebote, die es ihnen ermöglichen, in der Lernerfahrung selbst präsent zu sein. In einer Schule, die das Leben aussperrt, kehrt für das Abenteurer-Kind Langeweile und Lustlosigkeit ein, die es durch seine Aktionen zu überwinden trachtet.

Dazu kommen die Hindernisse auf der Beziehungsebene zwischen Lehrer und Kind. Geht man wiederum davon aus, dass die meisten Lehrer und Lehrerinnen dem Pflicht-Typ angehören, so ist zu vermuten, dass auch auf dem Wege der Identifikation eine Annäherung zwischen Lehrer und Abenteurer-Kind nicht zustande kommen kann. Die Verantwortlichen in der Schule tendieren vielmehr dazu, die Begeisterungsfähigkeit dieser Kinder als überbordendes Verhalten zu deuten, ihre Impulsivität als Disziplinlosigkeit und ihre Ablehnung von Übungssequenzen im Unterricht als Faulheit.

Oft sind es Unterrichts- und Erziehungssituationen, in denen der Raum von Schule verlassen wird und andere Lernorte aufgesucht werden, zum Beispiel Exkursionen oder Schullandheimaufenthalte, im Rahmen derer Kinder vom Abenteurer-Typ ihre Fähigkeiten und Fertigkeiten bei Gemeinschaftsunternehmungen zeigen und Lehrer ein wertschätzendes Verhältnis zu diesen Kindern aufbauen können. Auch in offenen Unterrichtsformen, in Freiarbeit und Projektarbeit, in Lernerfahrungen vor Ort, im Rollen- und Theaterspiel finden Abenteurer-Kinder Aufgaben, die ihr Interesse erregen und ihnen Engagement ermöglichen.

Welche Lernanregungen und Lernhilfen wünschen sich die Kindertypen?

Für die einzelnen Kindertypen sollen nun idealtypische Lernwelten für das Lernen in der Schule und zu Hause entworfen werden. Solche ideale Anregungen und Hilfen lassen sich vor allem in der Schule, wo die verschiedenen Kindertypen in einem Klassenzimmer versammelt sind, nicht für jedes Kind in Reinkultur verwirklichen, dennoch sind sie Leitlinien für pädagogisches Handeln sowohl für Sie als Lehrer oder Lehrerin als auch für Sie als Vater oder Mutter. Und diese Leitlinien helfen beim Verständnis dessen, was das Kind braucht und worunter es möglicherweise leidet.

Die Wir-Experten: Seelchen- und Pflicht-Kinder

Schule – ein Raum zur Inszenierung von Beziehungen

Für Wir-Experten ist Schule in erster Linie ein Beziehungsraum. Weder Seelchen- noch Pflicht-Kinder sind im Unterricht besonders an fachspezifischen Zugängen und an Kenntniserwerb interessiert. Sie versuchen beide, im Unterricht ihr Entwicklungsmotiv nach Zugehörigkeit zu befriedigen, und werden auf diese Weise zum Lernen angeregt. Lehrer und Mitschüler erhalten im Raum Schule eine besondere Bedeutung für die Lernentwicklung. Dennoch weisen die Lernwelten, in denen diese Kinder Anregung finden, in ihrer inhaltlichen und methodisch-didaktischen Gestaltung große Unterschiede auf. Suchen Seelchen-Kinder stets den persönlichen und emotionalen Bezug zu den Lerninhalten, so brauchen Pflicht-Kinder eindeutige Ziele und Handlungsanweisungen.

Seelchen-Kinder wollen im Unterricht sowohl mehr über sich selbst erfahren als auch in engen Beziehungen mit anderen leben. Nicht die Sache steht im Vordergrund, sondern die Beziehung. Sie sind interessiert an altersgemäßer Selbstoffenbarung. Ihre Fragen lauten: Wer bin ich für dich? Wie stehst du zu mir? Unterrichtsformen und -inhalte, in denen sie Selbsterfahrung erleben und sich offenbaren können, bereiten ihnen große Freude. Phantasiereisen mit offenem Ausgang, den sie selbst gestalten können, die Umsetzung ihrer Gefühlswelt im Kunstunterricht, in dem sie nicht durch Materialien und spezifische Techniken festgelegt sind, fördern ihre Lernmotivation. Sie wollen in Kleingruppen über persönliche Erlebnisse sprechen und hören anderen gerne zu. Sie profitieren von Lehrern und Lehrerinnen, die Interesse an individuellen Erlebnisweisen von Kindern haben, diese ernst nehmen und Zeit zum persönlichen Austausch geben.

Seelchen-Kinder wollen in der Schule »als Mensch, nicht als Kunstfigur Schüler« vorkommen, und für sie gilt, was Hartmut von Hentig über den Erfahrungsraum Schule notiert: »... zuhören, mithören, träumen, zu zweit einer gemeinsamen Vorliebe nachgehen, sich gegenseitig etwas zeigen, dies miteinander besprechen, ruhen, still sein, konzentriert lesen, Gefühle zeigen und austauschen.«[18]

Bei Sachthemen brauchen Seelchen-Kinder den individuellen Zugang, um beteiligt zu sein. Sie wollen nicht erfahren, wie ein Lerninhalt fachwissenschaftlich präsentiert werden kann, sondern wollen wissen, was das Thema für sie persönlich bedeutet. Hierzu ein Beispiel aus dem Sachunterricht:

Das Thema Auge ist nicht nur seines Sehvorgangs wegen ein wichtiger Lerngegenstand, an ihm lässt sich auch die Erfahrung machen, dass es sehr individuelle angenehme und unangenehme Bilder gibt und dass Menschen Objekte unterschiedlich wahrnehmen und erleben. Es ist zunächst das zweite Lernziel, das Seelchen-Kinder interessiert und motiviert, sich dann auch das erste anzueignen.

Seelchen-Kinder wollen sich den Dingen ganzheitlich nähern und ganzheitlich lernen. Fachübergreifender Unterricht kommt Kindern dieses Typs sehr entgegen, in dem Lerninhalte aus verschiedenen Blickwinkeln behandelt werden und Raum ist für musisch-ästhetische Umsetzung des Erfahrenen. In den Rudolf-Steiner-Schulen finden Seelchen-Kinder meist eine Lernwelt, die ihren Interessen und Neigungen entspricht.

Die Beziehungsbezogenheit des Seelchen-Kindes erstreckt sich auch auf den Lehrer und die Lehrerin. Diese Kinder beziehen ihre Lernmotivation vorzugsweise aus einer wertschätzenden Beziehung zu der Person, die ihnen den Lernstoff übermittelt, und sie werden bis weit über das Grundschulalter hinaus durch Menschen angeregt, die ihnen nahe stehen und für die sie gerne auch »schwärmen«. Sie lieben es, in kleinen Gruppen zu arbeiten, wo sie demokratisch dafür sorgen, dass alle gehört werden und ihren Beitrag leisten können. Da Wettbewerb ihnen fremd ist, bedeutet ihnen kooperatives Arbeiten mehr als das Ergebnis sowohl des Einzelnen wie der Gruppe. Der Lebensraum Schule ist für Seelchen-Kinder ein Beziehungsraum.

Werden Seelchen-Kinder von einer Lernwelt angeregt, die ihnen die Möglichkeit zur subjektiv-emotionalen inneren Gestaltung von Beziehungen sowohl zu Menschen wie Lerninhalten gibt, so sind Pflicht-Kinder an diesem Ort auch angewiesen auf verlässliche äußere Beziehungs- und Lernstrukturen.

Pflicht-Kinder fühlen sich in der Didaktik eines geplanten, lernziel- und phasenbezogenen Unterrichts wohl, der nach vorhersehbaren Schemata abläuft. Das Ausfüllen von vorstrukturierten Arbeitsblättern, das Auswendiglernen von Texten, das Eingebundensein in einen lehrerzentrierten Unterricht, alle diese Lehr- und Lernmethoden sind dem Pflicht-Kind gemäß und motivieren es zum Lernen. Die Lösungsschemata, die im Unterricht vorgeschlagen werden, halten Pflicht-Kinder präzise ein. Verwirrt sind sie dann, wenn sie sich an deren Ablauf nicht mehr erinnern. Sie verlangen nach detaillierten Vorgaben: nach der Anordnung von Texten, den Farben der Stifte, mit denen sie kritische Stellen markieren, der Farbe des Hefteinbandes.

Lernsituationen, in denen Kreativität und Eigeninitiative verlangt werden, verunsichern Kinder dieses Typs, und in offenen

Unterrichtsformen brauchen sie Anweisung und Unterstützung. Bei Freiarbeit zum Beispiel sind Wochenpläne mit vorgegebenem Pensum ihrem ergebnisorientierten Arbeitsstil hilfreich. Pflicht-Kinder im Grundschulalter geraten in Verwirrung, wenn man ihnen Heftführung und den Gang eines Lösungswegs selbst überlässt. In höherem Alter halten sie sich dann an ihre gewohnten Arbeitsweisen, die sie meist automatisiert haben, und sie finden in dem Gewohnten und Eingeübten die notwendige Sicherheit.

Da Pflicht-Kindern der Bezug zum Lehrer oder zur Lehrerin aus Sicherheitsgründen wichtiger ist als der zu Mitschülern und sie die Autorität des Lehrers nicht in Frage stellen, fühlen sie sich im Frontalunterricht zu Hause, in dem alle Interaktionen über die Person des Lehrers laufen. Sie vertrauen dieser Person, sowohl in Bezug auf das Anspruchsniveau als auch auf das Maß an Aufgaben, und sind noch im 5. und 6. Schuljahr überzeugt davon, dass der Lehrer oder die Lehrerin weiß, was für sie gut und richtig ist. Sie verzweifeln dann, wenn sie die Rückmeldungen dieser Autoritätsperson dahin gehend interpretieren, dass ihr Bemühen nicht ausreicht, und es ihnen nicht gelingt, die Forderungen zu erfüllen.

Um häufige Rückmeldungen zu erhalten und sich auf diese Weise zu versichern, dass sie mit ihrer Arbeit auf dem richtigen Weg sind, ziehen es Pflicht-Kinder vor, den Lehrstoff in möglichst vielen Teilschritten angeboten zu bekommen. Programmierter Unterricht, wie er auch von Computer-Lernprogrammen angeboten wird, ist vom Lernprinzip her für Pflicht-Kinder günstig. Der Computer hält ständig Zwiesprache mit dem Kind und meldet verlässlich, ob ein Teilschritt richtig oder falsch gelöst wurde. Allerdings erfüllt er nicht die Beziehungssehnsucht dieser Kinder.

Pflicht-Kinder nehmen Noten in der Schule sehr ernst und stellen deshalb große Leistungsanforderungen an sich. Mehr als andere Kindertypen tendieren sie dazu, Leistungsbewertungen zu generalisieren und mit einer Bewertung ihrer gesamten Persönlichkeit gleichzusetzen. Hoffnungslosigkeit stellt sich ein, wenn ihre Anstrengung nicht ausreicht. Sie versuchen dann zuweilen durch Zwangsrituale die Kontrolle über die Situation wiederzuerlangen, wie sie in der Vorstellung der Kindertypen beschrieben wurden.

Hausaufgaben – eine Chance für persönlichen Ausdruck und Fleiß

<u>Seelchen-Kinder:</u> RUHIG UND STILL GEHT'S, WIE ICH WILL!

Vor Mathe hab ich nicht mehr so Angst, da haben wir jetzt die Frau Klar, die ist so nett.

Seelchen-Kinder können dann gut arbeiten, wenn der persönlichen Gestaltung ihres Arbeitsplatzes besondere Aufmerksamkeit gewidmet wird und sie Hilfen zur Angstbewältigung bei Probearbeiten vornehmlich in Mathematik erhalten.

Der Arbeitsplatz von Seelchen-Kindern sollte
– ästhetisch ansprechend sein,
– einen persönlichen Gegenstand enthalten,
– Geborgenheit und eine entspannte Atmosphäre vermitteln sowie zum »Lern-Träumen« einladen.

Seelchen-Kinder lieben eine ästhetisch gestaltete Umgebung. Im Grundschulalter ist es hilfreich, mit ihnen zusammen ihren Arbeitsplatz so herzurichten, dass sie sich wohl fühlen. Später übernehmen sie diese Aufgabe selbst und lassen sich dabei von niemandem mehr dreinreden. Auf dem Schreibtisch sollte ein Gegenstand Platz finden, zu dem das Seelchen-Kind einen besonderen Bezug hat: Das kann das Foto einer geliebten Person sein, eine Helferfigur aus der Literatur oder dem Fernsehen als Figur oder Poster, eine bestimmte Blume, ein kleines Tier. Noch im Pubertätsalter haben Seelchen-Kinder eine Vorliebe für kleine Kuscheltiere auf dem Schreibtisch. Da diese Kinder magisch besonders ansprechbar sind, besetzen sie diese Figuren mit ihren Sehnsuchtsbildern und Träumen und tanken auf diese Weise Mut und Hoffnung.

Was Seelchen-Kinder zum häuslichen Lernen vor allem benötigen, ist eine entspannte und Geborgenheit spendende Atmosphäre. Da sie sich von Entspannungsmusik sehr ansprechen lassen, kann es hilfreich sein, mit ihnen eine Kassette oder eine CD mit langsamer Meditations- oder Barockmusik auszusuchen. Solche Musik ist auch aus anderem Grund günstig für das Lernen: Das Gehirn schaltet auf Alphawellen, welche die Aufnahme und Speicherung von Lernstoff erleichtern. Diese Musik kann auch als Signal für die Umschaltung des psychischen Organismus auf Lernen dienen. Aber auch eine kurze Entspannungsübung, die eine geliebte Person auf Tonträger spricht, mögen manche Seelchen-Kinder. Wenn solche Übungen verbunden sind mit der Botschaft, besonders und kostbar zu sein, dann wecken sie Sicherheit und Selbstvertrauen.

Gegen die Angst vor Probearbeiten brauchen Seelchen-Kinder eine Formel, die ihnen als Geländer dient, wenn beim Austeilen der Arbeitsblätter oder Hefte die Erregung steigt. Seelchen-Kinder können lernen, sich selbst zu beruhigen.

Ein »Geländer« gegen die Angst bei Probearbeiten

❑ *Sich auf den Atem konzentrieren: Atme tief ein und lass den Atem langsam ausfließen.*

❑ *Die Wahrnehmung auf die Erregung richten: Wo spürst du eine Veränderung in deinem Körper (schwitzige Hände, Herzklopfen, Schmetterlinge im Bauch, ein Kloß im Hals ...)?*

❐ *Die Erregung als Energie interpretieren: Spüre genau,*
   wie deine Energie einfließt.
❐ *Einen Kraftanker berühren: Vielleicht hast du eine*
   Helferfigur in der Hosentasche oder im Federmäpp-
   chen. Fasse sie an und hole dir Kraft.
❐ *Einen Kraftspruch sagen: Sage deinen Kraftspruch: Ru-*
   hig und still geht's, wie ich will.

In dieser Übung wird die Aufregung nicht als Angst gedeutet,
sondern als das Einfließen von Energie. Eine solche Umdeu-
tung weckt Gefühle von Zuversicht und Hoffnung anstelle von
Angst und Versagen. Natürlich muss eine solche Übung erst im
»Trockenkurs« geübt werden. Keinesfalls ist notwendig, alle
Schritte zu gehen, bei manchen Kindern genügen nur zwei.
Besonders hilfreich ist es, wenn man dem Seelchen-Kind von
sich selbst erzählt oder auch von einem Kind, das es genauso
gemacht hat. Der Name dieses Kindes beginnt dann mit demselben Anfangsbuchstaben, wie ihn das Seelchen-Kind hat, es
hat in demselben Fach Angst vor Probearbeiten und ist genauso alt oder ein Jahr älter.

Für das Erfinden von Geschichten werden im abschließen-
den Abschnitt über Hilfen für das Kind in Krisensituationen
noch einmal Anregungen gegeben.

Pflicht-Kinder: ICH WEISS, ICH KANN, ICH BLEIBE DRAN!

Ich mache die Hausaufgabe genau so, wie der Herr Seitz es
gesagt hat.

Pflicht-Kinder sind praktisch veranlagt. An ihrem Arbeitsplatz
brauchen die Dinge nicht schön zu sein und auch keine
persönliche Note zu tragen. Pflicht-Kinder fühlen sich dann

wohl, wenn Platz und Arbeitsgeräte ihren Zweck erfüllen. Der Arbeitsplatz muss »nützlich« sein, ist ihre Devise, und aus diesem Grund richten sie ihn am liebsten wie ein gut funktionierendes Büro ein.

Der Arbeitsplatz von Pflicht-Kindern sollte viele nützliche Dinge für das Lernen enthalten:
– eine Pinnwand zum Abheften von Notizen und Plänen,
– Ablagekästen in verschiedenen Farben für Erledigtes und Unerledigtes,
– Behälter für Stifte, Zirkel, Lineal etc.

Die Kinder dieses Typus sind überzeugt, dass es zur Behebung eines jeden Defizits im Leben ein Rezept gibt. Bücher über Lerntrainings finden in Pflicht-Kindern ihre interessiertesten Leser. Auch Übungen aus der Lerngymnastik der Kinesiologie[19] führen sie zuverlässig aus, weil sie dabei genau zu wissen glauben, was jede einzelne Bewegung bewirkt: Wenn ich Überkreuzbewegungen mache, arbeiten meine Gehirnhälften gut zusammen! Dieses Wenn-dann-Prinzip kommt der Mentalität des Pflicht-Kindes sehr entgegen.

So wie Pflicht-Kinder Sicherheit gewinnen, indem sie sich an vorgegebene Schemata halten, so auch durch die Wiederholung immer gleicher Verhaltensabläufe. Wenn diesen Handlungen wie in jedem Ritual noch eine bestimmte Bedeutung zugeschrieben wird, befolgen Pflicht-Kinder diese eifrig. Rituale geben diesen Kinder den so dringend nötigen Halt.

Ein Ritual für den Beginn der Hausaufgaben

❑ *Den Anfang einladend gestalten, zum Beispiel etwas zum Trinken bereitstellen, alle Arbeitsmaterialien herrichten, eventuell Lernmusik einstellen.*
❑ *Eine Übung zur Aufwärmung des Gehirns machen (beispielsweise aus der Lerngymnastik).*

In die allergrößte Verwirrung geraten Pflicht-Kinder, wenn die Eltern ihnen einen anderen Lösungsweg vorschlagen als ihr Lehrer oder ihre Lehrerin. Es ist wesentlich beruhigender, das Pflicht-Kind den Lehrerweg gehen zu lassen, auch wenn die Lösung falsch ist, als auf neuen Wegen zu bestehen.

Die Ich-Experten: Abenteurer- und Schlaukopf-Kinder

Schule – ein Raum zur Inszenierung von Erfahrung und Wissen

Ich-Experten sind auf der Suche nach einer Lernwelt, die ihnen Angebote zu sinnlich-konkreten Erfahrungen und zur Ausbildung ihrer intellektuellen Fähigkeiten bereithält. Beide Kindertypen nähern sich den Lerninhalten nicht über Bezugspersonen oder ihre Emotion, sondern sie fordern einen Zugang zum Thema über Erfahrung und Intellekt. Wie bei den Wir-Experten weist die Perspektive, von der aus sich diese Kinder die Inhalte aneignen, große Unterschiede auf und erfordert den Entwurf von Lernwelten, die nur wenig gemeinsam haben.

Abenteurer-Kinder sind sinnenfrohe, praktisch veranlagte Kinder. Es ist vornehmlich ihre Leiblichkeit, über die sie sich die

Dinge in den Geist holen. Sie sind Meister in der pantomimischen Kommunikation, der Übermittlung von Befindlichkeiten über Ausdruck und Bewegung ihres Körpers, wie sie in der gestalttherapeutischen Arbeit mit Kindern angeboten wird, aber auch in Kindergruppen ihren Platz hat.[20]

Sind Abenteurer-Kinder in der Erziehung vor allem dann auf Hilfen zur Impulskontrolle angewiesen, wenn sie mit stressreichen Lebenssituationen konfrontiert sind, so brauchen sie im Unterricht Möglichkeiten für ein Lernen mit allen Sinnen und einen handelnden Umgang mit der Dingen. Das Abenteurer-Kind will den Lerngegenstand sinnlich-konkret wahrnehmen und will in der Erfahrung selbst präsent sein.

Selbstbeteiligt ist das Abenteurer-Kind dann, wenn es den Gegenständen durch Tasten, Hören, Riechen und Schmecken begegnet. In seiner Lernwelt muss das Abenteurer-Kind Möglichkeiten finden, über seinen Körper und über die handelnde Auseinandersetzung mit den Gegenständen sich mit diesen zu verbinden. Erfahrung will das Abenteurer-Kind »am eigenen Leib machen«, nur dann gehen die Sachen diese Kinder etwas an.

Abenteurer-Kinder lieben es, ihren Erfahrungen mit einem Objekt auf verschiedenen Sinneskanälen Ausdruck zu verleihen. Ein Stein kann mit geschlossenen Augen ertastet werden, und es können innere Bilder auftauchen. Dem Tastempfinden kann eine Farbe zugeordnet werden oder eine Musik. Wird eine solche Übung zur Förderung des ruhigen Selbstkontaktes noch eingebettet in eine Geschichte von den Indianern, für die das Aufwecken ihrer Sinne überlebensnotwendig war, ist das Abenteurer-Kind begierig, sich auf den Lernstoff einzulassen.

Der Lern- und Arbeitsstil dieser Kinder ist meist impulsiv. Einerseits angezogen vom Reiz eines neuen Problems, andererseits aber auch in dem Bestreben, lästige Aufgaben rasch zu erledigen, versäumen es diese Kinder, die Lösung einer Aufgabe zu planen, und geraten deshalb häufig in Sackgassen. Hilfreich sind hier Ansätze, welche das Abenteurer-Kind lehren, durch inneres Mitsprechen seine Lernarbeit zu organisieren. Im nächsten Abschnitt über Hausaufgabenhilfen stelle ich solche Hilfen vor (vgl. Seite 160).

Die Motivationskraft des Abenteurer-Kindes ist allerdings für andere Kinder oft mitreißend. Sie entfaltet sich dann, wenn das Kind Freiräume für kreative Gestaltung und individuelle Lösungssuche erhält: Freiarbeit, Projektarbeit und neue Formen der Gruppenarbeit wie das Gruppenpuzzle eröffnen solche Lernwelten.

Kinder vom Abenteurer-Typ haben eine Vorliebe für risikoreiches, spielerisches und lustvolles Lernen. Unterrichtsformen mit Wettbewerbscharakter, in denen sie sich mit sich selbst und anderen messen können und deren unbestimmter Ausgang Spannung erzeugt, kommen ihren Bedürfnissen entgegen. Auf diese Weise sind sie bereit, auch Fertigkeiten zu trainieren. Ihre Abenteuerlust kann auch in Phantasiereisen einen Ort finden, vor allem wenn deren Ausgang offen ist und die Möglichkeit besteht, sich selbst Abenteuer auszudenken. In den Montessori-Schulen mit ihrem großen Angebot an Sinnesmaterial, den größeren Spielräumen der Didaktik und den Themen der kosmischen Erziehung atmen Abenteurer-Kinder oft spürbar auf.

Muss eine entwicklungsförderliche Lernwelt für Abenteurer-Kinder eine Inszenierung für Erfahrungen und Abenteuer enthalten, so für Schlaukopf-Kinder eine Inszenierung für intellektuelle Herausforderung und Kontrolle.

Schlaukopf-Kinder sind auf geistige Anregung angewiesen und folgen in ihrem Denken früher als andere Kinder Strategien, die wissenschaftlichem Arbeiten ähnlich sind. Sie planen ihr Vorgehen, beschaffen sich Informationen, beachten Details und sind bestrebt, zu allgemein gültigen Lösungen zu kommen. Auch die Ordnung der Informationen gelingt Schlaukopf-Kindern ihrem kognitiven Entwicklungsstand entsprechend gut. In der Testsituation kann man beobachten, dass sie beim Lösen von Mathematikaufgaben früh Papier und Bleistift benutzen und nicht wie Abenteurer-Kinder versuchen, alles möglichst rasch im Kopf zu erledigen. Vor allem die Mathematik und die naturwissenschaftlichen Inhalte mit ihren eindeutigen Ergebnissen kommen dem Denkstil dieser Kinder entgegen. Die Art ihres reflexiven Lern- und Arbeitsstils tritt im Laufe ihrer Schulzeit immer deutlicher zutage.

Geübt im Stellen sachbezogener Fragen, die häufig den didaktischen Weg eines geplanten Unterrichts verlassen, sind Schlaukopf-Kinder angewiesen auf einen Lehrer, der ihre Fragen ernst nimmt, der selbst Freude am Entdecken ungewöhnlicher Lösungswege sowie Interesse am Aufbau von Wissen bei Kindern hat. Detaillierte Anweisungen und vom Lehrer bis ins Einzelne vorgeschriebene Lernwege empfinden Schlaukopf-Kinder als einengend. Sie brauchen einen Lernraum, in dem sie experimentieren und ihren Weg finden können. Was ihre Informationssuche anbelangt, so genießen diese Kinder mit steigendem Alter auch einen logisch und widerspruchslos aufgebauten Lehrervortrag, der Ursache-Wirkungs-Zusammenhänge deutlich macht.

Da es Schlaukopf-Kindern stets um die Erweiterung ihrer Kompetenz geht, verlieren sie das Interesse, wenn sie eine Sache verstanden haben. Auch Texte und Arbeitsblätter bearbeiten sie nur dann gern, wenn sie ihnen Neues bieten. Dasselbe gilt für Übungsphasen im Unterricht oder zu Hause. Wenn Kinder mit guter Leistung im Unterricht ihre Hausaufgaben vergessen, so kann das ein Signal sein, für diese Kinder die Hausaufgaben differenzierter zu gestalten. Vorbereitende Hausaufgaben oder solche, die der Vertiefung oder der Erweiterung des Inhalts dienen, erledigen Schlaukopf-Kinder zuverlässiger als Aufgaben, deren Sinn sie nicht erkennen. Im folgenden Abschnitt über die Hausaufgaben wird uns dieses Thema noch einmal kurz beschäftigen.

Aufgrund ihrer eigenwilligen Lösungssuche – bei introvertierten Kindern dieses Typs auch ihrer Scheu vor Sozialkontakt wegen – mögen Schlaukopf-Kinder die Arbeit in einer Gruppe meist weniger. Dazu kommt, dass sie bei guter intellektueller Begabung schneller arbeiten als ihre Klassenkameraden und sich dann von den anderen gehemmt fühlen. Bei Gruppenarbeit »funktionieren« sie am besten in der Führungsrolle, wenn sie den Arbeitsablauf bestimmen und andere für ihre Vorstellungen einsetzen können. Eine solche Position ist erst ab dem 3. Schuljahr möglich, in unteren Klassen ist Freiarbeit eine Hilfe, Kindern dieses Typs einen eigenen Weg zu ermöglichen. Schlaukopf-Kinder wollen auch gerne mit Sonderaufgaben betraut werden, die sie selbständig bearbeiten und dann den anderen Kindern vortragen, wobei sie oft nicht verstehen können, dass die Klassenkameraden ihr Thema nicht so aufregend finden wie sie selbst.

Wie Pflicht-Kinder haben auch Kinder vom Schlaukopf-Typ ein hohes Anspruchsniveau an sich selbst. Ihre Zweifel richten sich jedoch nicht auf die Art der Ausführung einer Aufgabe, sondern auf die Qualität ihrer eigenen Fähigkeiten. Ihr hoher Anspruch macht Schlaukopf-Kinder verletzbar im Leistungsbereich und sehr abhängig von Erfolgserlebnissen. Sie brauchen die Anerkennung des Lehrers sowohl für ihren Lernstil wie auch für die Qualität ihrer Leistung.

Hausaufgaben – eine Chance für kreatives Lernen
und Kompetenzerweiterung

Abenteurer-Kinder: MIT MUT GEHT'S GUT!

Was Grausigeres als Hausaufgaben kann ich mir nicht vorstellen!

Abenteurer-Kinder sind ausgesprochen sinnenfreudig, sie wollen den Lerngegenstand mit ihrer Leiblichkeit erfahren und viel in Bewegung sein. Beide Vorlieben können für das Lernen zu Hause genutzt werden. Da Hausaufgaben beim Abenteurer-Kind viel Frustration auslösen, welche die Lernfreude zu blockieren droht, müssen Möglichkeiten gefunden werden, den Hausaufgabenberg sichtbar aufzuteilen.

Die Arbeitsplatzgestaltung beginnt meist damit, dass der Platz von den Gegenständen des »echten und aufregenden« Lebens befreit werden muss.

Der Arbeitsplatz von Abenteurer-Kindern sollte
– Möglichkeiten bereithalten, die Körperhaltung zu wechseln (eine kleine Bodenmatte hilft, die Aufmerksamkeit einzusammeln, wenn auf dem Boden sitzend oder liegend gelernt wird. Auch ein kleines Trampolin kann hilfreich sein, das nach getaner Arbeit wieder an die Wand gestellt wird.);
– zum Portionieren des Hausaufgabenberges mit einem Zettelblock ausgestattet sein (auf jeden Zettel wird eine Aufgabe geschrieben, zum Beispiel Rechnungen in »Mathe«, Nachschrift üben, Bild malen usw. Das Kind legt die Zettel in der Reihenfolge der Arbeit auf den Tisch oder heftet sie an die Pinnwand. Nach getaner Arbeit wird der Zettel vernichtet. Auf diese Weise schwindet der Hausaufgabenberg sichtbar.);
– ein wichtiges Helferobjekt gut sichtbar aufgestellt anbieten (zum Beispiel ein Helfertier, einen Helfer-Helden, meist aus Actionserien, einen besonderen Stein ...).

Abenteurer-Kinder lieben alle Aufgaben mit Wettbewerbscharakter, und sie treten auch gegen sich selbst an. Eine Eieruhr, die anzeigt, wie lange das Kind zu was gebraucht hat, und einen Vergleich mit der geschätzten Zeit ermöglicht, oder die nach 20 Minuten anzeigt, dass eine Pause fällig ist, tut eine Weile gute Dienste.

Da Abenteuer-Kinder gern in Bewegung lernen, sind so genannte Laufdiktate günstig. Die Kinder deponieren den Text an verschiedenen Stellen im Zimmer, lesen einen Satz oder den Teil eines Satzes, laufen dann zum Schreibtisch und schreiben den auswendig gelernten Text auf. Dabei kann es vorkommen, dass das Kind bei einem Satz mehrmals zwischen Text und Schreibtisch hin- und herlaufen muss. Dasselbe kann mit allen Texten eingeübt werden, die auswendig gelernt werden müssen. Beim Lernen wollen Abenteurer-Kinder alle Sinne einsetzen, und es ist günstig, auch zu Hause zu berücksichtigen, was die Grundschuldidaktik vorsieht: Worte auf Tisch oder Boden zu schreiben, in die Luft oder auf den Rücken, wobei es wieder die Bewegungsfolge ist, die das Lernen erleichtert.

Günstig für das Abenteurer-Kind sind außerdem Lernplakate, die es in Lerntrainings, welche von manchen Schulen inzwischen angeboten werden, äußerst phantasievoll zu gestalten weiß. Auf dem Lernplakat wird alles notiert, was für das Kind jetzt und heute schwierig zum Einprägen ist, und mit optischen Eselsbrücken versehen, die selbst gemalt oder aus Zeitschriften ausgeschnitten sind: eine Formel, ein Begriff, eine Vokabel usw. Denselben Dienst leistet eine Wandtafel. Und um die konkrete Begegnung zu fördern, haben Sprachkurse im Ausland meist einen ausgesprochen motivierenden Effekt.

Die Kinder dieses Typs haben meist einen impulsiven Lern- und Arbeitsstil. Sie stürzen sich in eine Aufgabe hinein, machen dann Flüchtigkeitsfehler oder geraten auf ihrem Weg zur Lösung alsbald in die Irre. Was sie benötigen, sind Hilfen zur

Aufmerksamkeitssteuerung, die sie beim Ausführen einer Aufgabe leise mitsprechen.

Ich steuere meinen Aufmerksamkeits-Jet wie ein Pilot und spreche leise

☐ *(Aufgabenstellung): Was soll ich hier tun?*

☐ *(Arbeitsplan): Wie gehe ich vor?*

☐ *(Sackgassen und Fehlerbewältigung): Moment mal! Da stimmt was nicht! Ich gehe einen Schritt zurück!*

☐ *(Lob und Selbstbekräftigung): Gut gemacht!*

Ein großes Problem für das Abenteurer-Kind ist beim Hausaufgabenmachen immer wieder die Verführung durch die vor der Haustür wartenden Freunde. Eine klare Regel, zum Beispiel: Vor 16.00 Uhr ist Peter nicht zu sprechen, kann beim jüngeren Kind Abhilfe schaffen. Am meisten aber hilft dem Abenteurer-Kind die einfühlsame Haltung der Eltern, die anerkennt, dass Hausaufgaben zu den langweiligen und frustrierenden Dingen des Lebens gehören.

Schlaukopf-Kinder: ERST NACHGEDACHT IST HALB
                        GEMACHT!

Hausaufgaben möchte ich auf meine Weise erledigen.

Schlaukopf-Kinder leben zu Hause in einem wohl geordneten Durcheinander, dessen Gesetze nur sie kennen. Die Worte aus fürsorglich-vereinnehmendem Elternmund: Ich weiß, was für dich gut ist!, lassen Schlaukopf-Kinder vor Schreck erstarren. Die Unterstützung, die sie beim häuslichen Lernen brauchen, besteht in der Hauptsache aus respektvollem Abstand.

Die Gestaltung ihres Arbeitsplatzes übernehmen Schlaukopf-Kinder am liebsten selbst. Natürlich akzeptieren sie Vorschläge auf dem Hintergrund freundlichen Sich-Kümmerns, und ihre Akzeptanz wächst, wenn das Angebotene ihnen sinnvoll erscheint. Da ihnen ein reflexiver Arbeitsstil ähnlich wissenschaftlichen Vorgehens eigen ist, erledigen sie ihre Hausaufgaben nach Plan und mit System: Sie unterstreichen früh Wesentliches in Texten, legen Kurzfassungen der Inhalte an und erstellen Grafiken, um die Zusammenhänge sichtbar zu machen. Im mathematisch-naturwissenschaftlichen Bereich suchen sie ausgesprochen kreativ nach eigenen Lösungswegen. Will man ihr Verhalten beim Lernen zu Hause ändern, muss man ihre Einsicht gewinnen.

Schlaukopf-Kinder lieben es, das Was, Wieviel und Wie von Hausaufgaben selbst bestimmen zu können. Günstig ist eine Hausaufgabenliste im Klassenzimmer, in die jedes Kind sich eintragen kann, das von dem »Pensum für alle« abweichen möchte. Auf diese Weise gelangen Schlaukopf-Kinder zu differenzierten Aufgaben und müssen nicht mehr üben, was alle üben und was sie möglicherweise schon können. Außerdem brauchen sie Freiheit für die Art und Weise der Gestaltung. Vorgeschriebene Schemata sind ihnen ein Gräuel und lähmen sie.

Entspannungsübungen welcher Art auch immer mögen Schlaukopf-Kinder wenig, weil da von ihnen verlangt wird, ihre rationale Kontrolle aufzugeben. Auch wenn sie den Wert solcher Übungen einsehen und positiv bewerten, gelingt ihnen das Loslassen nur wenig. Wichtig zur Verbesserung des Verhältnisses zwischen Schlaukopf-Kindern und Schule ist, immer wieder mit dem Lehrer oder der Lehrerin des Kindes vornehmlich in der Grundschulzeit zu sprechen, um Verständnis für die Besonderheiten des Kindes zu wecken. Schlaukopf-Kinder wollen durch die Art und Weise, wie sie mit Hausaufgaben umgehen, nicht ihre Lehrer und Lehrerinnen attackieren, sondern sie versuchen, ihrem eigenen Programm treu zu bleiben.

Welche Unterstützung brauchen Kinder in Krisensituationen?

Wie die Kindertypen den Ablauf einer Krise erleben: Gefahr und Gelegenheit erkennen

Wir haben bereits die Bewältigungsstile der verschiedenen Kindertypen in Krisen gleichsam von außen betrachtet. Nun geht es um die »Innensicht«, also darum, wie die einzelnen Typen eine Krise erleben und worin die Entwicklungschance von Krisen bestehen kann, wenn die Kinder angemessene Unterstützung erfahren.

Krisen im Kinderleben

Einleitend sollen zwei Beispiele aus dem Alltagsleben von Kindern zeigen, was eine Krise kennzeichnet und was sie bewirken kann.

Der elfjährige Patrick kommt wegen Leistungsproblemen in der Schule in die Beratungsstelle. Er humpelt an Krücken und hat sein linkes Hosenbein abgeschnitten, so dass der Gips mit vielen Bemalungen und Wünschen sichtbar wird. »An die schlechten Noten habe ich mich schon gewöhnt«, meint er, andeutend, dass das Schulproblem für ihn nicht im Vordergrund steht. Und dann erzählt er von seinem Radunfall, dem kaputten Bein mit dem Splitterbruch und seiner Sorge, ob er je wieder Eishockey spielen könne.

Bei der sechsjährigen Sophie wissen deren Eltern nicht, ob ihr Kind schon reif für die Schule ist. Beim Stichwort »Meine größte Sorge ...« erzählt Sophie von ihrem Hasen, der weggelaufen ist und von dem sie hofft, dass er doch noch wiederkommt. Mit vor Angst geweiteten Augen meint sie: »Ich überlege dauernd, was dem Muckel alles passiert, da kann ich gar nicht aufhören.«

Was Patrick und Sophie erleben, sind Ereignisse, durch die sich das eigene Selbstbild oder ihre Lebenswelt in einem wichtigen Aspekt verändert haben. In Patricks Fall hat sein Körper-Selbst eine einschränkende Veränderung erfahren, bei Sophie ist ein Lebewesen, zu dem sie eine nahe Beziehung hat, verschwunden. Aus der Kinderpsychotherapie wissen wir, dass Kinder mit ihren Haustieren eng verbunden sind und diese zuweilen als Teil ihres Selbst betrachten. Beide Kinder haben einen Verlust erlitten. Überprüft man die Ereignisse, an welche Kinder sich unter dem Thema »schlimmes Erlebnis« erinnern, fallen ihnen sowohl Ereignisse ein, die eher unter dem Begriff von Alltagswidrigkeiten zusammengefasst werden können (zum Beispiel Schwierigkeiten mit Freunden, Tod des Hamsters usw.), wie auch solche, die sehr herausragende Markierungspunkte in ihrem Leben darstellen (beispielsweise Scheidung der Eltern, Tod eines Geschwisters, große Überschwemmung usw.).

Der Lebenslauf von Kindern ist gekennzeichnet durch eine Fülle von Ereignissen, zu deren Bewältigung das gewohnte Denken, Fühlen und Handeln nicht mehr ausreichen. Ein solches Geschehen ist nicht vorhersehbar, und es verändert die Balance zwischen dem Verhalten des Kindes und seiner Umwelt dergestalt, dass das Gleichgewicht zwischen den Lebensanforderungen und den Kompetenzen gestört ist. Eine neue Anpassungsleistung wird notwendig. Patrick muss seine Meinung vom Spitzensportler aus seinem Selbstbild nehmen, und Sophie hat neben dem verlorenen liebevollen Umgang auch Schreckensvisionen vom Schicksal ihres Hasen und aufgrund der Identifikation mit dem Tier auch von ihrem eigenen Geschick.

Veränderungen im Lebenslauf werden von Kindern als unangenehm und schmerzhaft empfunden, und sie reagieren sehr unterschiedlich darauf. Entweder bleiben die Gefühle im einen Extrem völlig aus oder sie stellen sich im anderen Extrem sehr heftig ein. Krisen im Kinderleben sird mit großem Stress verbunden, weil Kinder aufgrund ihres schwachen Selbst-Gefühls und ihrer geringen Erfahrung im Umgang mit solchen Verlusten diesen hilflos ausgeliefert sind. Das Kind ist unsicher, verwirrt und nicht mehr »das Alte«.

Kritische Lebensereignisse sind jedoch nicht nur einfach Markierungspunkte im Lebenslauf von Kindern, die überwunden werden müssen. Sie stehen immer auch am Übergang zu einer neuen Beziehung zwischen Kind und Welt. Da solche Zeiten eine Neuorganisation des gesamten psychischen Organismus verlangen, hat die Entwicklungspsychologie seit langem die Chance solcher verwirrter Phasen im Lebenslauf von Kindern erkannt. Wie das chinesische Zeichen für Krise neben Gefahr auch Gelegenheit bedeutet, birgt jede Krise auch den Keim seelischen Wachstums in sich, die Chance zu einem »neuen Kind«. Krisen im Kinderleben, ob alltäglich oder außergewöhnlich, sind somit immer auch Brennpunkte der Entwicklung, in denen oft unter großem Druck Neues entsteht. In diesem Prozess brauchen Kinder kompetente und einfühlsame Begleitung ihnen nahe stehender Erwachsener.

Die Phasen bei Trauer- und Stressreaktionen

Wenn Kinder durch eine Krise gehen, so ist das ein Weg mit mehreren Stationen. Die Psychologie kennt Phasenmodelle, die das Verhalten in seinem zeitlichen Ablauf beschreiben, das Menschen nach einem Stress auslösenden Lebensereignis zeigen. Immer sind das Verlustereignisse. Man spricht deshalb auch von Modellen, die beschreiben, wie Menschen trauern.

In ihren Trauerreaktionen sind Kinder und Erwachsene einander ähnlich. Jede Phase im Trauerprozess ist eine neue Stufe, die zeigt, dass seelisches Wachstum stattfindet. Das oft zermürbende Verhalten von Kindern in solchen Zeiten kann sehr sinnvoll sein und hilft dem Organismus, sich neu anzupassen. Allerdings müssen nicht alle Stationen durchlaufen werden, oder Kinder können in ihrem Bewältigungsprozess auch zwischen einzelnen Stufen hin- und herpendeln. Wir werden noch sehen, dass die vier Kindertypen Krisen mit durchaus unterschiedlichen Schwerpunkten bewältigen und auch unterschiedlicher Hilfe bedürfen.

Aus der Fülle ähnlicher Phasenmodelle erscheint für das Verstehen und Begleiten von Kindern in Krisensituationen das von Elisabeth Kübler-Ross am geeignetsten.[21] Als Verlusterfahrung wählt die Autorin die existenzielle Situation des eigenen Todes. Was E. Kübler-Ross als »Reife zum Tod« beschreibt, kann bei der Auseinandersetzung von Kindern mit kritischen Alltags- und Lebensereignissen die »Reife zum Leben« werden.

Wie verhalten sich Kinder auf den einzelnen Stationen?

Die erste Station:
Leugnung – ein Schutzschild gegen die Angst

Wenn sich ein schmerzliches Ereignis im Lebenslauf von Kindern einstellt, dann ist der erste Schritt der Bewältigung das Nicht-wahrhaben-Wollen in der Leugnung. Die Kinder verschließen ihre Sinne, um den Umbruch (noch) nicht wahrhaben zu müssen. Das Stadium der Leugnung wirkt wie ein Schutzschild zwischen dem schmerzlichen Ereignis und der Wirklichkeit. Hinter diesem Schutzschild haben Kinder Zeit, sich psychisch zu reorganisieren.

Für alle, die mit dem Kind umgehen, gilt, das Leugnen des Kindes als einen sinnvollen Bewältigungsversuch anzunehmen, der dem Kind Zeit gibt, sich auf die Veränderung einzustellen. Auf diese Weise wird es ihm möglich, zur nächsten Stufe fortzuschreiten.

Die zweite Station:
Wut und Zorn – Aufruhr über die Verletzung

Nachdem Kinder vergeblich versucht haben, die Existenz des kritischen Ereignisses zu leugnen, drehen sie sich oft noch im Weglaufen um und attackieren wütend irgendein Objekt, einen Gegenstand, ein Tier, einen Menschen. Wut und Zorn sind wichtige Gefühle im Umgang mit Stress auslösenden Ereignissen und ein Zeichen, dass die Mauer der Leugnung brüchig wird und die Starre sich löst. Kinder provozieren durch dieses sinnvolle Verhalten vielfältigste Sanktionen von Seiten der Erwachsenen. Wut und Zorn nämlich sind weitgehend tabuisierte Emotionen, die das Erziehungsgeschäft sehr erschweren und mit denen Eltern, Erzieher und Lehrer wenig umgehen können.

Was Kindern in dieser Phase gut tut, ist die Versicherung, dass ihre Wut ein berechtigtes und nicht ein »schlechtes« Gefühl ist und dass sie nicht selbst »schlecht« sind. Die Wut richtet sich stets auf das nicht wieder ungeschehen zu machende Ereignis und zeigt an, dass das Kind im Bewältigungsprozess voranschreitet.

Die dritte Station:
Verhandeln – ein Tauschgeschäft zur Gewinnung von Kontrolle

In ihrer Beschreibung der Phase des Verhandelns weist Elisabeth Kübler-Ross darauf hin, dass Verhandeln ein Verhaltensmuster ist, das häufig von Kindern praktiziert wird. Sie schreibt unter anderem dazu:

»Beantworten Kinder streßreiche Veränderungen im Lebenslauf mit Wutreaktionen, dann schreien sie lauthals ihre Empörung heraus, stampfen mit den Füßen auf, werfen sich auf den Boden und schließen sich in ihr Zimmer ein. Häufig tauchen sie nach einer Weile aber wieder auf und bieten freiwillige Arbeiten an, zu denen sie im Alltag nicht bereit sind. ›Wenn ich die ganze Woche artig bin und jeden Abend das Geschirr spüle – darf ich dann?‹«

Oft genug gehen die Erwachsenen dann auf den Handel ein – in der meist vergeblichen Hoffnung, damit langfristig eine Verhaltensänderung beim Kind herbeizuführen.

Beruhigend für Kinder sind in dieser Phase die Aufklärung über den Grad ihres Beteiligtseins an der Situationsveränderung, das Ansprechen und das Teilen ihrer Angst- und Schuldgefühle und die Kunst, realistische Verhandlungsangebote zu fördern.

Die vierte Station:
Depression – Trauer über Veränderung und Verlust

Wenn alle Verhandlungsangebote und alle Erpressungen das schmerzhafte Ereignis nicht abwenden können, geraten Kinder an die Grenze ihrer Kontrollmächtigkeit. Sie nehmen zu diesem Zeitpunkt zum ersten Mal das Eintreten der neuen Situation wahr, sie erkennen, dass sie selbst es sind, die eine schmerzhafte Veränderung im Leben erleiden, und sie wagen es, darüber traurig zu sein.

Die Trauer ermöglicht dem Kind den Rückzug von Aktivität und Geselligkeit. Sie stellt eine Art »Time-out« von der Betriebigkeit des Alltagslebens dar. Viele Kinder ziehen sich dann in ihr Zimmer zurück, sie wollen lieber allein als mit Freunden spielen, sie verlieren die Lust am Essen und haben keinen Appetit mehr. Manchmal legen sie sich auch ins Bett, fühlen sich elend und krank.

Die Phase der Trauer, die oft nur ein paar Stunden oder einen Nachmittag lang anhalten kann, bietet dem Kind die Gelegenheit, sich seinen schmerzhaften Gefühlen zu überlassen und dadurch endgültig Gedanken aufzugeben, dass die Veränderung im Lebenslauf durch irgendeine Handlung abzuwenden sei. So wie sich die Protagonisten im Märchen in hohle Bäume, in die Tiefe des Berginnern, in Felshöhlen zurückziehen, bis sie fähig sind, ihr Schicksal zu konfrontieren und in die eigene Hand zu nehmen, so bedürfen auch Kinder der stillen Beschäftigung mit sich selbst, um das schmerzliche Ereignis zu akzeptieren. Kinder müssen wissen, was sie verloren haben, damit sie Altes loslassen und Neuem Platz machen können.

Die fünfte Station:
Zustimmung – Reflexion der Veränderung

Die Phase der Zustimmung ist eine friedliche Zeit, in der Kinder innehalten, über die Stationen auf ihrem Weg nachdenken, ihre psychische Veränderung wahrnehmen und sich allmählich wieder nach außen orientieren. Die Manipulationen zur Abwendung des Geschehens sind vorbei, der Verlust, das Eintreten des schmerzlichen Ereignisses und die Veränderung im Leben werden angenommen. Das Vertrauen in die eigene Kompetenz wächst, und Zufriedenheit mit dem eigenen So-in-der-Welt-Sein stellt sich ein. Der Lebensfluss beginnt langsam wieder zu fließen.

Auf solchem Boden kann im Kind die Gewissheit wachsen, dass alles, was es erlebt und erfahren hat, zu ihm gehört und von niemandem genommen werden kann. Mittels solcher Reflexionen kann das Kind bewusst an seinem eigenen Wachstumsprozess teilhaben und sich reifer wieder der Welt zuwenden.

Die sechste Station:
Hoffnung – den Aufbruch beginnen

Hoffnung und Zuversicht in das individuelle Lebensprojekt zu wecken ist in der pädagogisch-therapeutischen Beziehung zu Kindern ein wichtiges Prinzip. Hoffnung muss in allen Phasen der Bewältigung elementarer Lebensveränderungs-Situationen vorhanden sein, damit Integration und psychisches Wachstum gelingen können. Auch alle Verteidigungs- und Schutzmechanismen wie Leugnung, Wut, Verhandeln, Trauer und ihre Lösung auf der Stufe der Zustimmung müssen getragen sein vom Gefühl der Hoffnung, dass das Kind fähig ist, die Veränderung zu bewältigen, und gestärkt daraus hervorgehen kann. In dieser letzten Phase jedoch ist die Hoffnung greifbarer, der Umbruch ist vollzogen, und der Aufbruch kann beginnen.

In dieser Zeit ist es gut für Kinder, Personen zu kennen, die um das schmerzhafte Ereignis wissen, die Anteil am Rückblick nehmen, die Zukunftsvisionen teilen und Unterstützung bei den ersten neuen Schritten geben.

Die Kindertypen im Prozess der Krisenbewältigung

Auf eine Veränderung in ihrer Lebenswelt reagieren Kinder sehr unterschiedlich. Stellen wir uns vor, der Familienhund wird von einem Auto überfahren. Dieses Ereignis kann in Kindern verschiedene Verhaltensweisen auslösen. Während das eine Kind die Veränderung über lange Zeit nicht wahrhaben will und dem toten Hund noch über Monate den Fressnapf füllt, bis die Leugnung in einem sinnlosen Ritual erstarrt, beginnt ein anderes Kind in der Schule vermehrt durch Raufereien aufzufallen oder reagiert bei Frustrationen, die zum Beispiel mit der Bewältigung der Hausaufgaben am Nachmittag verbunden sein können, mit heftigen Wutausbrüchen. Wieder ein anderes Kind hält sich mehr noch als vor dem Ereignis in der Nähe der Lehrerin auf und bietet seine Dienste an. Und schließlich gibt es die Kinder, die scheinbar vom ersten Tag der Lebensveränderung an ihrem Kummer Ausdruck verleihen und Bezugspersonen daran teilhaben lassen und Trost erbitten.

Auch wenn es scheint, als würden diese Kinder alle anderen Phasen des Trauerprozesses ignorieren und nur »ein Verhalten« zeigen, wird bei der therapeutischen Arbeit mit dem Kind doch deutlich, dass die anderen Stufen ebenfalls durchlaufen werden. Das typische Verhalten dieser Stufen ist jedoch nur kurz oder in sehr eingeschränkter Form zu beobachten. Das Kind, das sich auf der Phase der Trauer eingenistet zu haben scheint, wagt vielleicht nur in der geschützten Situation ärgerlich zu äußern, dass der Autofahrer besser hätte aufpassen sollen, dann wäre der geliebte Hund noch am Leben. Und das Kind mit den Wutausbrüchen mag versuchen, durch erpresserisches Verhandeln sich selbst zu entlasten und seine Bedürfnisse zu erzwingen.

Es ist der Lebensstil des Kindertypus, der Kinder dazu prädestiniert, bestimmte Trauerphasen mit großer Intensität zu durchlaufen, andere dagegen nur kurzzeitig zu besetzen oder gar zu überspringen. Therapeutische Hilfe braucht das Kind erst dann, wenn es auf einer Stufe des Bewältigungsprozesses gefangen bleibt. Dann gerät seine Entwicklung ins Stocken und das Kind schadet sich. Umgekehrt lassen sich aus der nicht bewussten Wahl des Phasen-Schwerpunktes Rückschlüsse auf den Kindertypus gewinnen.

Vergleichen wir das Verhalten von Kindern auf den einzelnen Stationen des Trauermodells nun mit den Lebens- und Bewältigungsstilen der Kindertypen, dann fallen die Parallelen sofort ins Auge.

Das Schlaukopf-Kind:
Experte für die Phase der Leugnung

Das Schlaukopf-Kind, dem es vornehmlich um die Erweiterung seiner Kompetenzen durch den Gebrauch seines Kopfes geht, verhält sich sehr ähnlich dem Kind, das durch vernünftige Argumente die Wahrnehmung eines »schlimmen Ereignisses« leugnet.

Erinnern wir uns, wie Dorothea mit der drohenden Verschreibung einer Brille umgeht. Sie weist zuerst ihren Vater darauf hin, dass sie gut lesen kann, sie zitiert Autoritäten und stellt das Können des Augenarztes in Frage. Kurz, Dorothea argumentiert.

Bei gewichtigen Verlustereignissen wie der Scheidung der Eltern sind es häufig die Schlaukopf-Kinder, die lange Zeit unberührt wirken, weil sie das Ereignis von ihren Emotionen abschirmen. Sie erinnern sich: Bloß nichts fühlen! Cool sein! Das ist die Devise dieser Kinder, und cool ist derjenige, den nichts berührt.

Schlaukopf-Kinder brauchen sehr behutsam Hilfe, im Trauerprozess in Kontakt mit ihren Gefühlen zu kommen, die das Eis auftauen und sie wieder lebendig machen.

Das Abenteurer-Kind:
Experte für die Phase von Wut und Zorn

Mit seinem Bedürfnis nach sinnlich-konkreten Erfahrungen und expressiven Äußerungen seiner Gefühle verhält sich das Abenteurer-Kind ähnlich dem Kind, das bei der Konfrontation mit einem stressreichen Ereignis seinen Ärger in Wutausbrüchen kundtut. Abenteurer-Kinder dreschen mit dem Fuß auf die Wand ein, zerschmettern Geschirr, zerreißen Probearbeiten vor den Augen des Lehrers oder der Lehrerin, lassen die Tür mit lautem Knall ins Schloss fallen und ziehen sich auf diese Weise den Groll ihrer Umwelt zu. Vor allem in der Schule, wo wenig Zeit und Kompetenz für beziehungsstiftende Konfliktlösungen ist, erleben sie Tadel und Strafe.

So wählen Abenteurer-Kinder in Krisensituationen an der Beratungsstelle unter den Handpuppen oft den Teufel als Figur für den Persönlichkeitsanteil in sich, den sie am liebsten »killen« möchten, weil er sie so häufig in Schwierigkeiten bringt. In Ersatzhandlungen werfen sie den Teufel an die Wand, trampeln auf ihm herum, ersticken ihn mit Kissen und geben in ergreifender Weise ihrem Selbsthass Ausdruck.

Abenteurer-Kinder sehnen sich nach Hilfe, ihre Gefühle von Wut und Zorn anzuerkennen und als sinnvoll zu interpretieren. Sie sind dankbar für ritualisierte und auf diese Weise ungefährliche Formen des Ausdrucks, bei denen niemand verletzt und nichts zerstört wird. Erst dann können sie ihre tiefer liegenden Emotionen wie Traurigkeit und Verzweiflung wahrnehmen.

Das Pflicht-Kind:
Experte für die Phase des Verhandelns

Folgen wir den Stufen des Trauermodells weiter, so ist es das Pflicht-Kind mit seinem Bestreben, durch normorientiertes Verhalten und Aufgabenerfüllung sich die Zuneigung anderer zu versichern, das für die Phase des Verhandelns bestens ausgestattet ist. Pflicht-Kinder bieten an, was sie können, um ein »schlimmes Ereignis« abzuwenden: brav sein, Zusatzaufgaben machen, Hilfsangebote erfinden. Aber auch dem »lieben Gott« bieten sie Gelübde und Bußübungen an, damit er das Übel von ihnen wende. Pflicht-Kinder offerieren jede Art der Entlastung, wenn alles nur so bleiben darf, wie es ist.

Wagen sie es, ihrer Wut ein wenig Raum zu geben, dann benützen sie diese Energie zum Machtkampf: Wenn du den Peter heiratest, dann gehe ich ins Internat! Die Wenn-dann-Formel zeigt deutlich Starre und Überforderung, die das Pflicht-Kind beim Verharren auf der Stufe des Verhandelns massiv gefährden können.

Pflicht-Kinder benötigen wie Schlaukopf-Kinder Kontakt zu ihrer Gefühlswelt. Sie brauchen Hilfe zum Loslassen ihres rigiden Verhaltensmusters.

Das Seelchen-Kind:
Experte für die Phase der Trauer

Das Seelchen-Kind mit seiner Neigung zu naher und gefühlsbetonter Begleitung anderer Menschen zeigt in Krisen ein ähnliches Verhalten wie das Kind, das nach einem Verlust durch Tränen und Rückzug auf seine Hilflosigkeit aufmerksam macht.

Seelchen-Kinder in Krisensituationen haben viele Kompetenzen für die Phase der Trauer. Sie weinen und jammern, still für sich oder gewollt hörbar für andere, in jedem Fall appellieren sie an das Mitgefühl ihrer Bezugspersonen. Die große Gefahr für Seelchen-Kinder, die sich auf dieser Stufe einrichten, ist, sich einer Art Jammerdepression hinzugeben und den Impuls zu überhören, wieder einen Schritt in die Welt zu wagen.

Wichtig für Seelchen-Kinder ist zunächst das einfühlsame Teilen ihrer Trauer, später sind es aber auch Angebote von Aktivitäten, die wieder ins Leben führen. Im nächsten Kapitel über erzieherische Hilfen werden wir mehr dazu hören.

Im Prozess der Neuorganisation ihres Selbst in einer Krise benötigen alle Kinder Begleitung und die Gewissheit, dass sie in ihrer Not erkannt und angenommen werden, nicht aber durch Strafe Abwertung erfahren oder durch Nicht-Beachtung in die Bedeutungslosigkeit absinken.

Will ich Kindern in Krisen helfen, so gibt es zwei Leitlinien:

Zum einen kann ich mich am Trauermodell orientieren und herausfinden, welche Stufe ein Kind vernachlässigt oder übersprungen hat und welche Verhaltensweisen der vorsichtigen Anregung bedürfen. Gemeint ist damit zum Beispiel das behutsame Ansprechen der Wut bei einem Kind, das sich in seinem Kummer zurückgezogen hat, oder umgekehrt das Ansprechen des Kummers bei einem Kind, das nach außen agiert. Immer ist das pädagogische Handeln dann auf ein Ergänzen des Fehlenden gerichtet, und zwar innerhalb des Referenzrahmens des Phasenmodells.

Zum anderen aber ist es der Typus, der Hinweise auf die Ressourcen des Kindes gibt, auf seine Kompetenzen und Fähigkeiten. In Krisen sind diese Kompetenzen meist verschüttet oder treten in verzerrter Weise zutage.

Wie wir Kindern in Krisensituationen konkret helfen können, ist Thema des folgenden Kapitels.

Was sich die Kindertypen zur Krisenbewältigung wünschen: Selbstliebe und Kompetenzen aktivieren

Erinnern wir uns an die Lebensstile der Kindertypen, so ist einsichtig, dass sie sich in Krisen sehr unterschiedliche Unterstützung wünschen. Ist es zum Beispiel für Seelchen-Kinder hilfreich, wenn jemand ihre traurigen Gefühle anspricht, so ist es genau dieses Ansprechen, das Schlaukopf-Kinder sehr bedroht und ihren Abwehrpanzer verstärkt. Es gibt aber auch übergeordnete Ziele für die Unterstützung in Krisen, die für alle Kinder gelten.

Woran können wir uns orientieren?

Ich möchte mit diesen allgemeinen Zielen beginnen, die geeignet sind, Stress zu lindern und Entwicklung in Gang zu setzen. Die drängende Frage: Was können wir als Eltern, als Erzieher, als Lehrer konkret tun?, findet dann im letzten Abschnitt eine Antwort.

Selbstakzeptanz und Selbstliebe stärken: Ich bin okay! Andere kennen auch solche Gefühle und Verhaltensweisen!

In einer stressreichen Lebenssituation dürfen Kinder keinesfalls in ihrem verzweifelten Verhalten abgewertet werden. Erfahren Kinder Ablehnung, so lautet die Botschaft meist: Du bist böse! Du musst dich schämen! Nicht Verurteilung oder Beschämung führen Kinder aus einer Krise, sondern die beruhigende Versicherung, dass ihr Verhalten in dieser Situation nicht außergewöhnlich, sondern völlig in Ordnung ist. Das heißt nicht, dass auch Kindern in Krisen zu ihrem Schutz nicht wertschätzend Grenzen ihres Verhaltens gezeigt werden müssen.

In den meisten Fällen sind auf das Kind zugeschnittene Geschichten, die eine Lösung anbieten, ein Geländer, das Halt gibt. Viele Kinder sagen beim Erzählen solcher Geschichten: »Das ist genauso wie bei mir!«, und schon ist eine Brücke geschlagen. Das Kind, dem eine solche Geschichte erzählt wird, ahnt sehr wohl, dass diese möglicherweise nur für seine Situation erfunden wurde, aber die Lust am »Gemeint-Sein«, am Teilen schmerzlicher Erfahrung ist stärker.

Hier möchte ich Ihnen einen »Spickzettel« für das Erfinden heilender Geschichten geben.

»Kennst du die Geschichte von Astrid?«

Das Kind, dem diese Geschichte erzählt wird, heißt Annabelle und ist genauso alt wie das Mädchen aus der Geschichte. Aus Franz können Sie einen Florian machen. Wichtig ist nur, dass der Vorname mit demselben Buchstaben beginnt. Auch die Lebensumstände von Astrid und Annabelle sind ähnlich. Und auch sie hat »ein schlimmes Erlebnis« zu bewältigen. Aber Astrid ist schon weiter im Trauerprozess und sieht bereits die Strahlen des Lichts am Ende des Tunnels. Was ihr geholfen hat, sollten Sie möglichst ausführlich erzählen.

Natürlich kann man dieselbe Geschichte auch anders beginnen:

»Als ich so alt war wie du, wir wohnten damals in ..., da gab es in meiner Klasse eine Astrid ...«
»Als ich ungefähr so alt war wie du, da hatte ich ein ähnliches Erlebnis ...«

Die Kinder identifizieren sich mit den Modellfiguren, sehen ihre eigenen Verhaltensweisen gleichsam im Spiegel und machen die sehr entlastende Erfahrung: Ich bin *nicht* böse, sondern ich versuche durch mein Verhalten mit einer schwierigen Situation fertig zu werden! Das Kind mag entdecken: Ah, so ist das! Ich bin völlig in Ordnung! Auf diese Weise wächst die Selbstakzeptanz. Außerdem fühlen Kinder sich durch die Protagonisten der Geschichte eingebettet in ein Netz von ähnlich Empfindenden. Die entlastende Botschaft lautet: Ich bin nicht allein mit meinen Gedanken und Gefühlen! Andere kennen das auch!

Natürlich können auch alle folgenden Ziele in einer solchen Geschichte ihren Platz finden.

Ressourcen aktivieren:
Ich kann eine ganze Menge! Ich habe viele Fähigkeiten!

Kinder in Krisen sind in Gefahr, den Kontakt zu ihrem Selbst zu verlieren, und ihre Kompetenzen sind in diesen Phasen meist verschüttet. Das Kind, das viel Misserfolg in der Schule erfährt und damit eine ständige Verdunklung seines Selbstbildes erleidet, vergisst schließlich, dass es viele Fähigkeiten in der Judogruppe zeigt oder dass es sich in der Werkstatt seines Vaters bewährt.

Geraten Kinder unter Stress, ist es wenig einfühlsam, das Verlustereignis zu bagatellisieren, um vermeintlich den Schmerz zu verkleinern. Viel hilfreicher ist es, den Kontakt des Kindes zu seinen Ressourcen zu vertiefen. Will ich die Schatzkiste der Kraftquellen eines Kindes öffnen, um den Schatz zu heben, dann weist mir wiederum der Kindertyp als Verkörperung der Kompetenzen den Weg.

Solche Ressourcen können sein:
- *Menschen, denen das Kind vertraut:* in der Familie, unter Gleichaltrigen, erwachsene Bezugspersonen in Schule und Freizeit,
- *Quellen im Kind:* ein Verbündeter, ein Helfertier, ein Helferstein oder ein Tagebuch, in das auch gemalt wird, zum Beispiel der sichere Ort,
- *Kompetenzen:* Was kann ich gut? An welche guten Erlebnisse erinnere ich mich? Wie habe ich schon einmal eine Krise gemeistert?

– *Unternehmungen:* Sport und Tanz (zum Beispiel Ballett), Hobbys (beispielsweise basteln, malen), Kindergruppen (zum Beispiel Pfadfinder). Vielen Kindern hilft Fahrrad fahren, um in Bewegung und Natur den Kontakt zum Selbst wieder zu finden, anderen der Umgang mit Haustieren und für manche ist einfach das Nichtstun wichtig.

Diese stichwortartige Sammlung möglicher Kraftquellen zeigt deutlich, dass es neben den Ressourcen im Kind immer auch gilt, solche im sozialen Netz zu mobilisieren.

Kontrollüberzeugung und Hoffnung wecken

Kinder in Krisensituationen fühlen sich oft sehr hilflos und von den Ereignissen überrannt. Sie haben den Eindruck, dem Geschehen ohnmächtig ausgeliefert zu sein. Ein Kontrollverlust lässt die Lebensenergie versickern und erstickt die Zuversicht, das eigene Lebensprojekt zu meistern.

Hoffnung dagegen ist das Gefühl, dass die Dinge letztlich zum Guten und Richtigen sich wenden werden. Hoffnung bereitet den Boden, auf dem ein neuer subjektiver Sinn wachsen kann. Dieser seinerseits beflügelt wieder die Hoffnung.

Auch hier können erfundene Geschichten von Kindern, die eine Krise überwunden haben und gestärkt daraus hervorgingen, Wunder wirken. Sie wecken die Erwartung, die eigene Lebenssituation zu meistern und einen Ausweg aus dem Irrgarten zu finden. Die Motivationspsychologie hat den großen Stellenwert von Kontrollüberzeugung und Erwartung zum Kern ihrer Forschung gemacht. Bei sehr heftigen Emotionen dagegen, bei welchen die Kinder die Kontrolle über sich selbst verlieren, brauchen sie im Augenblick der Gefühlsüberflutung einen Anker, an dem sie sich festhalten können. Das kann ein Gegenstand sein, aber auch ein Wort, eine Geste oder ein Zeichen.

Dem Ereignis neue Bedeutung geben

Über die herausragende Entwicklungschance und die heilende Kraft, die darin liegt, die lebenserweiternden Aspekte einer Veränderung zu sehen, ist bereits gesprochen worden. In der Psychologie wird diese Fähigkeit auch »umdeuten« genannt. Sie ist eines der mächtigsten Heilmittel in der Psychotherapie. Den Dingen eine neue Bedeutung zu geben schlägt die Brücke, über die eine Veränderung ins eigene Selbst aufgenommen werden kann. So kann eine Zahnspange den Selbstwert sehr belasten, weil sie das äußere Erscheinungsbild beeinträchtigt. Wohl aber lässt sich diese »Verschandelung« ertragen, wenn sie einem das Aussehen eines ›scharfen Punkers« gibt, wie ein Junge in einer Kindergruppe einen Zahnspangenträger zu trösten versuchte.

Kindern sollten solche Angebote weder von besserwisserischen Erwachsenen noch mit der Auflage, sie sofort anzuerkennen, gemacht werden. Eher beiläufig gesprochen geben sie dem Kind Gelegenheit, seinen eigenen Faden in Ruhe aufzugreifen und innere Suchbewegungen in Gang zu setzen.

Was können wir konkret tun?

In diesem letzten Abschnitt möchte ich Eltern, Erziehern und Lehrern einige konkrete Hilfen für die verschiedenen Kindertypen vorschlagen.

Hilfen für das Schlaukopf-Kind in Krisensituationen

Schlaukopf-Kinder neigen dazu, in kritischen Lebenssituationen einen Panzer um ihre Gefühlswelt zu legen, der ihnen das Überleben ermöglicht. Aus diesem Grund sind sie sehr gefährdet, sich in der Phase der Leugnung längerfristig einzurichten.

Dieses Steckenbleiben im Bewältigungsprozess bedeutet immer auch ein Steckenbleiben in der Entwicklung. Kritische Lebensereignisse bewältigen Schlaukopf-Kinder auf diese Weise nur scheinbar, so sehr sie ihre Umgebung auch täuschen mögen.

Bevor Sie etwas Konkretes tun, vergegenwärtigen Sie sich noch einmal, da s ein Kind, das sich zurückzieht und erstarrt, nicht arrogant oder gar gefühlskalt, sondern ein Kind in Not ist. Der Rückzug ist zunächst eine sinnvolle Überlebensstrategie.

Erziehungsvorschläge für Eltern

Zeigen Sie Verständnis für die Art und Weise, in der Ihr Kind seine Gefühle zu verbergen sucht. Bedrängen Sie das Schlaukopf-Kind nicht mit der Forderung, dass es Ihnen endlich seine Not offenbart, sondern warten Sie geduldig ab und signalisieren Sie Ihre Bereitschaft zuzuhören.

Schlaukopf-Kinder gewinnen Sicherheit, wenn sie detaillierte und logisch einsehbare Erklärungen für das Geschehen erhalten. Ich möchte an dieser Stelle daran erinnern, dass es vernünftige Gespräche sind, die Schlaukopf-Kinder am meisten überzeugen. Wenn sie zu sich sagen können: Aha, so ist das!, dann haben sie einen Gedanken, auf dem sie herumkauen und den sie mit ihrem Geist abtasten können.

Es ist zuweilen hilfreich für Schlaukopf-Kinder, wenn ihre Eltern zuerst über deren eigene Gefühle in Bezug auf das »schlimme Ereignis« sprechen – wiederum ohne Druck auszuüben und ohne das Kind zu verführen, vorzeitig über seine Gefühle zu sprechen. Dabei kann es hilfreich sein, wenn Sie von Ihrer eigenen Angst erzählen, als Sie noch ein Kind waren, und wie Sie versucht haben, damit fertig zu werden.

Vielleicht kaufen Sie ein Buch von einem Kind, das seine Nöte überwand, oder lesen Sie Andersens Märchen von der *Schneekönigin* vor, deren Vereisung durch die Liebe taut. Respektieren Sie aber, wenn Ihr Schlaukopf-Kind Ihre Leseangebote für sich allein durchsehen möchte. Manchmal bietet auch das Betrachten eines Fernsehfilms Gelegenheit, bei sich selbst oder beim Protagonisten die Gefühle anzusprechen oder, was Schlaukopf-Kindern leichter fällt, rational darüber Vermutungen anzustellen.

Lenken Sie Ihr Augenmerk auf die Kompetenzen, die Ihr Kind schon erworben hat, und geben Sie Rückmeldung. Vor allem will das Schlaukopf-Kind im sachlichen Gespräch daran erinnert werden, wie es schon andere Krisen in seinem Leben gemeistert hat. Die Bemerkung »Eigentlich bist du schon ein richtiger Experte in Sachen ...!« tröstet diese Kinder.

Erziehungsvorschläge für Erzieher und Lehrer

Für Sie gilt dasselbe, was auch für Eltern angeboten wurde. Ihre Rolle eröffnet aber noch andere Möglichkeiten, vornehmlich unter Einbeziehung der Gruppe. Fühlen Sie sich zunächst nicht persönlich angegriffen durch die Mauer, die das Kind um sich herum aufgebaut hat und in der Sie keine Tür finden. Abgelehnt werden nicht Sie, sondern jeder Mensch, der näher kommen und Gefühle wecken könnte. Lernen Sie vielmehr aus dem Wissen darüber, dass hinter jeder Äußerung des Kindes ein Gefühl steckt, in winzigen Veränderungen der Mimik und Gestik diese Gefühle zu sehen. Auch das vermeintlich »coole« Kind gibt solche Signale: ein feuchtes Auge, ein gesenkter Blick, pfeifen oder andere Ablenkungsmanöver.

Auch wenn das Schlaukopf-Kind in Krisen Ihnen nicht entgegenkommt, beobachten Sie es aufmerksam und achtsam. Irgendwann gibt es vielleicht die Gelegenheit, vorsichtig zu bemerken: »Das muss schlimm für dich sein!« Oder: »Ich stelle mir vor, das ist nicht leicht für dich!« Wenn sich das Kind abwendet oder eine abwehrende Bemerkung macht: »Nicht so schlimm! Schon vorbei!«, lassen Sie diese einfach so stehen. Müssen Sie Forderungen des pädagogischen Alltags stellen, lassen Sie sich vom Widerstand nicht abschrecken, sondern begründen Sie Ihre Wünsche klar und ohne emotionalen Druck.

Wenn Sie merken, dass das Schlaukopf-Kind in Krisensituationen bei Leistungsanforderungen blockiert und Angst hat, entwerfen Sie Hilfen für die ganze Klasse. Solche ressourcenorientierte Übungen tun allen Kindern gut.

Eine schöne Aufgabe für eine Kindergruppe ist der Entwurf eines Schutzschildes, auf den alle Fähigkeiten der Kinder gemalt werden können. Auch Fotos aus Zeitschriften tun hier gute Dienste: der Fußballspieler, die Tierpflegerin, der Rechenkönig usw. Man kann aber auch miteinander über die Schildkröte als metaphorisches Tier sprechen und wie sie sich bei Gefahr unter ihren Panzer verzieht. Wenn anschließend in einer Phantasiereise gefährliche Situationen auf dem inneren Bildschirm erscheinen, können Schutzschild und Schildkrötenpanzer ausprobiert werden.

Sprechen Sie mit den Kindern auch über den Sinn des Fehler-Machens: Aus Fehlern wird man klug, drum ist einer nicht genug! Schlaukopf-Kinder hören Botschaften gern im Schutz der ganzen Gruppe. Im Einzelgespräch können Sie vielleicht an Situationen erinnern, in denen Ihnen die Kompetenz dieses Kindes besonders aufgefallen ist. An nichts sind Schlaukopf-Kinder mehr interessiert als an der Entwicklung ihrer Kompetenz.

Hilfen für das Abenteurer-Kind in Krisensituationen

Abenteurer-Kinder reagieren auf stressreiche Veränderungen im Lebenslauf häufig mit vermehrter Unruhe. Durch erhöhte Impulsivität versuchen sie die seelische Spannung zu lindern. Ihre ohnehin niedrige Frustrationstoleranz sinkt, und sie antworten mit Wutanfällen oder kehren den Zorn auch gegen sich selbst mit den bekannten Symptomen wie Nägelkauen, Haarerausreißen etc. Abenteurer-Kinder sind sehr gefährdet, sich in der Phase von Wut und Zorn auf längere Zeit einzurichten, was nicht nur ihre Entwicklung blockiert, sondern sie durch die

vielen herabsetzenden Rückmeldungen auch einer Dauer-
attacke auf ihren Selbstwert aussetzt. Abenteurer-Kinder in
Krisensituationen sind unbequem, genauso wie die Phase von
Wut und Zorn im Prozess der Stressbewältigung.

Bevor Sie konkret eingreifen, vergegenwärtigen Sie sich,
dass die Wutanfälle des Abenteurer-Kindes ein Signal für seine
Not sind. Wut und Zorn zu äußern ist in der Bewältigung
kritischer Lebensereignisse eine sinnvolle Überlebensstrategie.

Was Sie über die Emotionen Wut und Zorn wissen sollten:
- Wut zeigt, dass etwas im Leben sich verändert, dass ein
  Hindernis unseren Wünschen und Bedürfnissen entgegen-
  steht.
- Jeder Wut liegen Gefühle von Hilflosigkeit, Angst und Ver-
  letzung zugrunde.
- Wut ist ein Aufruhr, der hilft, dass wir die Angst und Trauer
  noch nicht spüren müssen.

Der neunjährige Volker, ein Abenteurer-Kind, erhält wegen seiner
stressbedingten Unruhe Einzelstunden. Volker war auf eine Geburts-
tagsparty eingeladen, ein seltenes und für ihn sehr wichtiges Ereignis.
Weil er zwei Tage vorher das Geburtstagskind auf dem Schulhof
verprügelte, wurde er wieder ausgeladen.

Therapeutin: »Du könntest vor Wut an die Decke springen! Du hast
  dich so auf die Geburtstagsfeier gefreut!«
Volker: »Und wie!« (seufzt und blickt auf den Boden)
Pause
Volker: »Ich hab einfach so Angst, dass die mich nicht mehr mögen.
  Und dann hab ich niemand zum Spielen.«

Erziehungsvorschläge für Eltern, Erzieher und Lehrer
Abenteurer-Kinder brauchen zunächst einmal die Gewissheit,
dass andere Kinder diese unangenehmen Gefühle von Wut
und Zorn auch kennen und sie deshalb nicht sozial geächtet

werden. Diese Form von Akzeptanz wird unterstützt durch ein Umdeuten der Erregung. Wie bei Angst ist die Wut im Körper an einer oder mehreren Stellen und bei jedem auf individuelle Weise spürbar. Diese Erregung können wir als »Power« oder als Energie deuten. Damit diese Energie nicht »explodiert«, ist es gut, sie im ganzen Körper zu verteilen. Dann steht sie zur Verfügung, wenn sie gebraucht wird: bei Probearbeiten dem Kopf, beim Fußballspielen den Beinen.

Nach dieser Hilfe zur Anerkennung einer negativ bewerteten Emotion ist der Boden bereitet für eine Anleitung zur Selbstkontrolle. Nicht »Ich bin meine Wut!« ist das Ziel, sondern »Ich habe Wut und kann damit umgehen!«

Das pädagogische Leitziel für alle, die Kindern helfen, die Wut zu ihrem Verbündeten zu machen, heißt:

> **Du darfst alle Gefühle fühlen,**
> **aber**
> **du darfst nicht handeln, wie du willst.**

Es gibt keine guten oder schlechten Gefühle. Alle Gefühle, ob Rache, Hass, Wut oder Zorn, sind Ausdruck unserer psychischen Lebendigkeit. Es ist für Abenteurer-Kinder meist gefährlich, ihren Ärger kundzutun und sich auf diese Weise zu behaupten. Ein Kind, das seiner Lehrerin mitteilt, dass es wütend ist und sich ungerecht behandelt fühlt, kann sich eine Menge Schwierigkeiten einhandeln.

In einem dreistufigen Prozess können Kinder lernen, ihre Selbstkontrolle zu fördern:

Die erste Stufe
Meine Wut wahrnehmen und akzeptieren: Ich bin jetzt wütend und das ist okay!

Abenteurer-Kinder in Krisensituationen werden oft deshalb von ihrer Wut überrollt, weil sie keinen Kontakt mehr zu ihrem Körper haben und nicht spüren, wann die Wut in ihnen hochsteigt. Die Frage »Wie spürst du, dass du wütend wirst?« dient zur Installierung eines Signals, zum Beispiel:

> Keine Luft mehr – Achtung Wut!
> Roter Kopf – Achtung Wut!

Findet das Kind kein Körpersignal, soll es sich in der nächsten Woche erst einmal »wie ein Detektiv« beobachten.

Die zweite Stufe
Blitzschnell die Situation einschätzen: Kann ich meine Wut jetzt äußern?
   Wenn dies nicht möglich ist, folgt

Die dritte Stufe
Meine Wut zähmen. Eine Ankerkarte in der Hosentasche mit einem Erinnerungsspruch oder einer Zauberformel kann dabei große Dienste erweisen.

Für später
Damit die Wut nicht wie ein Explosionsherd an einer Stelle im Körper sich ballt, kann sie später verteilt werden, und zwar zu einem Zeitpunkt und in einer Umgebung, dass weder Personen noch Sachen zu Schaden kommen. Kinder kennen dazu eine Menge Möglichkeiten: in ein Kissen schreien, ein Handtuch auswringen, ein Wutbild malen, mit dem Rad eine Runde drehen.

Zu Hause ist es wichtig, bei Abenteurer-Kindern, die sich in einer Krise befinden, für einen möglichst geregelten Tageslauf zu sorgen, der Sicherheit und Halt gibt. In der Schule und in anderen Einrichtungen für Kinder sollten mit den Verantwortlichen Möglichkeiten der Konfliktlösung trainiert werden, die nicht als Niederlage interpretiert werden können.
   Eine solche Möglichkeit, in der Rolle des Schlichters bei zwei Streithähnen pädagogisch zu handeln, wird im folgenden

Beispiel vorgestellt. Sie enthält klare Regeln und Anweisungen, damit Versöhnung innerhalb einer Struktur gefahrlos ablaufen kann. Es ist nicht das Ziel, Freundschaft zwischen den Verfeindeten zu stiften. Wenn »einander lassen« erreicht wird, ist schon viel gewonnen.

Als Schlichter bei zwei Streithähnen

Zwei Stühle werden einander gegenübergestellt und die Streithähne sollen darauf Platz nehmen. Einer der beiden bekommt grünes Licht und darf reden, der andere hat rotes Licht und muss schweigen. Der Streitschlichter setzt sich seitlich ein wenig hinter das angegriffene Kind. Er bestätigt immer wieder, wie schwer es ist, bei solchen Angriffen zu schweigen: Das ist ganz schön schwer, da den Mund zu halten!

»Sag ihm, was er dir getan hat und wie es dir damit ergeht!« ist die Aufforderung an das Kind, das reden darf, loszulegen. Du-Botschaften sind hier ausdrücklich erlaubt, es geht um das Sich-Befreien von inneren Spannungen: Du hast mich geboxt und geschubst, und das hat mir wehgetan.

Die Ampel wird nun umgeschaltet und das andere Kind ist an der Reihe. Der Streitschlichter wechselt den Platz und schützt wieder das angegriffene Kind.

Haben die Kinder »Dampf abgelassen«, wobei es nicht in erster Linie um Wahrheitsfindung geht, stellt man beiden Kindern die Frage: Was könntet ihr euch voneinander wünschen?

Solche Konfliktlösungen können nicht in der Öffentlichkeit stattfinden, weil sich sofort zwei Gruppen von Anhängern bilden, die lautstark versuchen, die Wahrheitsfindung an sich zu reißen. Was vermieden werden muss, sind vorschnelle Versuche öffentlicher Entschuldigungen oder gar das Eingeständnis von Schuld. Solche gut gemeinten Anregungen demütigen das Abenteurer-Kind, und wer gedemütigt wird, wird mit seiner Wut kaum sozial verträglich umgehen.

Hilfen für das Pflicht-Kind in Krisensituationen

Auf stressreiche Ereignisse im Leben reagieren Pflicht-Kinder häufig mit starken Schuldgefühlen. Sie verstärken das Ausmaß ihrer Anstrengung und sind bereit, alle Bedürfnisse zurückzustellen und fehlerloses Wohlverhalten anzubieten. Auf diese Weise sind sie bemüht, die verlorene Kontrolle über ihr Leben wiederzuerlangen. Pflicht-Kinder haben alle Fähigkeiten, um sich lange und mit immer rigideren Angeboten auf der Phase des Verhandelns einzurichten. Wenn sie dieses Tauschgeschäft »Wohlverhalten gegen Veränderungsstopp« lange genug betrieben haben, sind oft alle Ressourcen aufgebraucht und ihre Befindlichkeit ist gezeichnet von Hoffnungslosigkeit und Erschöpfung.

Bevor Sie konkret handeln, vergegenwärtigen Sie sich noch einmal, dass ein braves Kind, das Angebote für noch mehr Wohlverhalten macht, ein Kind in Not ist. Verhandeln ist eine sinnvolle Überlebensstrategie und der verzweifelte Versuch, das schreckliche Gefühl von Hilflosigkeit und Verwirrung zu überwinden und wieder Regisseur der eigenen Lebenssituation zu werden.

Erziehungsvorschläge für Eltern
Wenn wir verhandeln, versprechen wir etwas zu tun oder zu unterlassen, damit wir etwas anderes dafür bekommen. Für Geld und Sachwerte ist diese Definition einfach, etwas anders stellt es sich dar, wenn es sich um psychische Werte handelt. Hier unterscheiden wir Tauschgeschäfte mit positiven von solchen mit negativen Folgen.

Entwicklungsförderliche Tauschgeschäfte
Bei vielen Kompromissen einigen wir uns, dass jeder etwas gibt, damit ein Konsens erzielt wird. Positive Tauschgeschäfte zeichnen sich dadurch aus, dass es keine Gewinner oder

Verlierer gibt, dass die Absprachen konkret sind und eingehalten werden können und die Tauschobjekte auf das Problem bezogen sind. Die Anleitung zur niederlagslosen Konfliktlösung, wie wir sie von Thomas Gordon kennen,[22] gehört dieser Kategorie an. Wir können dann auch von einem Verhaltensvertrag sprechen.

Die elfjährige Sabrina ist mit ihrer Mutter in einem für beide zermürbenden Hausaufgabenkampf verwickelt. Nachdem Sabrina und ihre Mutter an der Beratungsstelle »gemeinsam« Hausaufgaben gemacht haben und die Strategien beider deutlich sichtbar geworden sind, entwerfen wir einen Verhaltensvertrag, der von beiden unterschrieben wird.

Die Mutter verpflichtet sich, nur bei der Planung der Hausaufgaben anwesend zu sein und Sabrinas Zimmer nur dann zu betreten, wenn solche Sequenzen an der Reihe sind, die beide vorher vereinbart haben, zum Beispiel: Bei den Mathematikaufgaben möchte ich Hilfe!

Sabrina verpflichtet sich, einen Wecker zu benutzen und nach jeder halben Stunde oder jeder Teilaufgabe zehn bis fünfzehn Minuten Pause zu machen. Die Mutter erhält die Erlaubnis, Freundinnen auf später zu vertrösten.

Vertragsüberschreitungen und Konflikte werden von beiden in getrennten Heften notiert.

Entwicklungseinschränkende Tauschgeschäfte

Negative Auswirkungen haben Tauschgeschäfte dann, wenn gedroht oder erpresst wird und schließlich eine der zwei Parteien als Sieger hervorgeht. Verhandeln wird auch dann negativ, wenn das Angebotene unrealistisch ist und nicht eingehalten werden kann. Besonders sinnlos wird das Verhandeln, wenn ein Partner etwas anbietet, obwohl er für die Situation, um die es geht, nicht verantwortlich ist. Pflicht-Kinder bieten häufig Verhaltensweisen für drohende Verluste an, für die sie in keinster Weise die Verantwortung tragen.

Lassen Sie uns anhand zweier »Tauschgeschäfte« pädagogische Hilfen entwerfen.

Heiko oder die Unerfüllbarkeit eines Angebots
Heiko möchte die Nacht bei seinem Freund Günter verbringen. Seine Mutter verbietet es ihm, weil sie befürchtet, dass beide dann unausgeschlafen am nächsten Tag in die Schule kommen.

Heiko ist zuerst sehr wütend auf seine Mutter. Er rennt in sein Zimmer und schreit: »Ich rede nie mehr mit dir!« Als seine Wut verflogen ist, setzt er sich an seinen Schreibtisch und überlegt, was er tun könnte, damit seine Mutter ihn gehen lässt. Schließlich hat er eine Idee. Vorsichtig öffnet er die Tür seines Zimmers und geht zu seiner Mutter: »Wenn ich die ganze Woche tu, was du willst, wenn ich dir im Garten helfe und jeden Tag die Nachschrift übe, darf ich dann bei Günter übernachten?«

Wie kann Heikos Mutter reagieren?

Zunächst muss sie ihre Grenze, das Verbot, noch einmal begründen. Sie kann ein Ersatzangebot machen, zum Beispiel dass Heiko am Freitag bei Günter übernachtet oder Günter bei ihm. Heiko dagegen macht sie einen konkreten, erfüllbaren Vorschlag, der auch mit dem Problem zu tun hat. Er mäht den Rasen statt am Freitag oder am Wochenende schon am Donnerstag. Es ist gut, das Verhandelte aufzuschreiben und sichtbar zu platzieren:

- Günter kommt am Freitag oder Heiko übernachtet bei Günter.
- Heiko mäht den Rasen am Donnerstag.

Sabrina oder der Versuch einer Erpressung
Sabrina hat ihr Taschengeld und ihr Erspartes für einen Hamster ausgegeben. Jetzt steht das Wochenende bevor. Heute hat Corinna ihr vorgeschlagen, am Samstagnachmittag miteinander ins Kino zu gehen. Sabrina ist stolz, dass Corinna sie gefragt hat. Nur: Wie kann ich das Geld auftreiben?, grübelt sie.

Schließlich geht Sabrina zu ihrem Vater, der den Hamsterkauf sehr befürwortet hat, und bittet ihn um einen Vorschuss. Der Vater lehnt ab und schlägt ihr vor, mit dem Kinobesuch noch eine Woche zu warten. Sabrina beginnt zu weinen: »Ich lauf weg und sage den Eltern von Corinna, wie wenig Taschengeld ihr mir gebt. Ihr werdet euch noch Sorgen machen!«, droht sie.

Wie kann Sabrinas Vater reagieren?

Auf keinen Fall darf Sabrina mit ihrer Erpressung Erfolg haben. Sie darf aber auch nicht im Regen stehen gelassen werden. Es bietet sich die Möglichkeit eines Jobs in Haus und Garten an, um Geld zu verdienen. Hier ist flexibles Handeln und Erfindungsgeist gefragt.

Sind diese beiden Beispiele alltäglich, so gibt es ein Ereignis, das Kindern aufgrund ihrer existenziellen Abhängigkeit sehr Angst macht, nämlich der Streit der Eltern. Hier prallen die Bedürfnisse der Eltern als Paar aufeinander. Die Kinder sind dabei meist angstvoll ausgeschlossen, glauben aber oft, das Streitobjekt der Eltern zu sein. Es sind besonders die Pflicht-Kinder, die hierdurch in existenzielle Krisen geraten. »Du bist nicht schuld!« ist genau die Botschaft, die Kinder in solchen Situationen immer wieder hören müssen.

So viel zu den Beispielen des Verhandelns.

Pflicht-Kinder in Krisensituationen brauchen sehr konkrete Rückmeldung, und zwar in den unterschiedlichsten Situationen, dass sie ihre Sache richtig machen. Loben Sie nicht allgemein: »Du bist wirklich mein fleißiges Kind!«, sondern loben Sie sehr konkret: »Es gefällt mir, wie du dieses Stück am Klavier spielst!«

Sorgen Sie dafür, dass Ihr Pflicht-Kind sich in kritischen Zeiten nicht zu viel aufbürdet. Lieber weniger, aber stetig und vor allem mit Bestätigung. In solchen Zeiten müssen Sie darauf achten, Absprachen sicher einzuhalten, und sich selbst um Zuverlässigkeit bemühen. Zum Beispiel sollten Neuordnungen im Detail abgesprochen werden. Bei jeder Unzuverlässigkeit neigen Pflicht-Kinder unter Stress dazu, diese sich selbst anzulasten. Kann sich Ihr Kind auf Sie verlassen, wächst seine Sicherheit.

Was Pflicht-Kindern sehr hilft, ist das Einladen von Familienangehörigen oder ein Gegenbesuch. Dabei ist es bei allen Unternehmungen wichtig, dem Kind Gelegenheit zu bieten, seine Bedürfnisse zu äußern. Geben Sie ihren Pflicht-Kind in Krisensituationen das Gefühl, Teil eines festen Netzes von Familienbeziehungen zu sein und nicht durch die Maschen zu fallen. Und freuen Sie sich weiter an Ihrem ordentlichen und fleißigen Kind, das so leicht zu bestätigen ist.

Erziehungsvorschläge für Erzieher und Lehrer

Erpressungen oder entwicklungseinschränkende Tauschgeschäfte kommen zwischen Erziehern und Lehrern und dem Kind kaum vor. Wohl aber können Sie in Ihrer Rolle mit den Kindern einen Verhaltensvertrag schließen. Eine gute Hinführung sind auch hier die Stufen der niederlagslosen Konfliktlösung, wie sie Thomas Gordon in seinem Buch *Familienkonferenz* vorgestellt hat, und vor allem ein Training im Übermitteln von Ich-Botschaften.

In Kindergruppen unter den Gleichaltrigen kommt die Erpressung als Tauschgeschäft jedoch häufig vor. Hier kann ein Gespräch über positive und negative Formen des Verhandelns angezeigt sein. Als Gesprächsauslöser oder als Weiterführung kann eine Liste mit zwei Hälften entworfen werden: Die eine enthält die Wünsche des Kindes, gemalt oder geschrieben, die andere seine Angebote.

In Schule und anderen Einrichtungen für Kinder gibt es immer Aufgaben, mit denen das Pflicht-Kind betraut werden und Anerkennung erfahren kann. Werten Sie auf der einen Seite die Hilfsangebote des Pflicht-Kindes nicht ab, tragen Sie auf der anderen aber auch Sorge, dass das Kind sich nicht mit

Verpflichtungen überlädt und in seiner Bereitwilligkeit ausgenutzt wird.

Und vergessen Sie nie, dass ein »engelhaftes« Verhalten ein Kind zwar pflegeleicht macht, jedoch auf eine Gefährdung hinweisen kann. Werten Sie ein solches Verhalten nicht als Ausdruck seelischer Gesundheit. Sie können es allein schon durch diese Bedeutungszuschreibung verstärken und eine mögliche Gefährdung intensivieren.

Hilfen für das Seelchen-Kind in Krisensituationen

Die Phase der Depression beginnt, wenn das Kind emotional begreift, dass alles Leugnen, alle Zornesausbrüche und alles Verhandeln nichts nützt und die Veränderung unausweichlich ist. Der Verlust betritt die Bühne der Realität. Diese Phase ist notwendig, damit die Veränderung akzeptiert werden kann und der Weg frei wird für inneres Wachstum. Ich muss jedoch wissen, was ich verloren habe, damit ich es loslassen kann. Und das Verlorene noch einmal in Augenschein nehmen, es gleichsam unverstellt betrachten, löst Trauer aus.

Seelchen-Kinder mit ihrem engen Kontakt zu ihren Gefühlen und ihrer hohen Fähigkeit, sich verbal auszudrücken, sind für diese Phase bestens ausgestattet. Die Gefahr besteht darin, dass sie ihren Jammer und ihren Rückzug ritualisieren und dann in dieser Phase stecken bleiben.

Bevor Sie konkrete Hilfe anbieten, rufen Sie sich noch einmal ins Gedächtnis, dass ein Kind, das traurig und apathisch wirkt, sich zurückzieht oder sich anklammert, ein Kind in Not ist. Die Trauer gibt Gelegenheit, das Verlorene noch einmal herzuholen, um es dann endgültig abzulegen. Trauern ist eine sinnvolle Überlebensstrategie.

Erziehungsvorschläge für Eltern

Ermöglichen sie Ihrem Kind in dieser Phase körperlich und seelisch nahen Kontakt. Sie werden selbst merken, dass Seelchen-Kinder in Krisensituationen jede Gelegenheit wahrnehmen, gehalten zu werden und zu »kuscheln«, wie Kinder das meist nennen. Dabei schafft es Erleichterung, wenn die Kinder über ihre Gefühle sprechen können. Es ist hilfreich zu wissen, dass Kinder in dieser Phase sehr unterschiedlich empfinden. Während die einen weinen, sind andere eher unruhig, wieder andere werden von Sorgen geplagt, die sich wie ein Mühlstein im Kopf drehen, oder fühlen sich krank und haben keinen Appetit mehr.

Sprechen Sie an, was Sie wahrnehmen: »Ich stelle mir vor, dir gehen viele traurige Gedanken durch den Kopf.« Oder: »Das ist gut, dass du weinen kannst. Da löst sich dein Kummer.« Oder: »Du fühlst dich richtig elend und magst nicht mehr essen.« Ansprechen, was ist, schafft Beziehung, und die braucht das Seelchen-Kind in Krisen mehr als alles andere. Gut gemeinte Appelle dagegen wie »Halt die Ohren steif! Lass den Kopf nicht hängen!« sind in dieser Phase wenig angemessen. Ihr Kind fühlt sich dann abgelehnt und nicht ernst genommen. Ein Kind, das traurig ist, will so lange traurig sein, bis es selbst den Impuls spürt, ins Leben zurückzukehren.

Geben Sie Ihrem Kind nicht nur verbal die Möglichkeit, seine Gefühle auszudrücken. Wie man zum Beispiel Wutbilder malen kann, so auch Trauerbilder. Das traurige Gefühl kann auf dem Papier Farbe und Form bekommen oder auch symbolisch dargestellt werden als Gegenstand, als Tier oder als Figur aus der Literatur und den Medien oder der eigenen Phantasie. Auf diese Weise wird das Gefühl nach außen verlagert, es wird fassbar und man kann besser darüber reden. Die Emotion verliert durch Ausdruck mit kreativen Medien Macht über das Kind.

In einem nächsten Schritt kann zu diesem Bild des Ist-Zustandes ein zweites gemalt werden, welches als Wunschbild den Wieder-gut-Zustand festhält. Dazwischen kann ein symbolischer Helfer gefunden werden: ein Zauberstab fürs Diktatschreiben, ein Engel, der als Sendbote zwischen der toten Großmutter und dem Kind vermittelt, ein Schlüssel zum Öffnen des Herzens der abwesenden Mutter. Ein solches Bild ruft bereits die »Zeit danach« auf die innere Bühne.

Dasselbe Ziel, erste Hoffnung zu wecken, verfolgen Geschichten, in denen die Helden intensive Trauer durchleben und eine Botschaft erhalten, die hilft, die Dunkelheit zu vertreiben.

In dieser Phase, in der manche Kinder alle Aktivität einstellen (»Kein Bock! Mag nicht! Nicht schon wieder!«), ist auch hilfreich, an die eigenen Ressourcen zu erinnern. Allerdings nicht in einer Art, die das Kind übergeht und versucht, es aus seinem Rückzug zu reißen. Eine gute Unterstützung ist, mit dem Kind eine Liste zu erstellen, was es jeden Tag 15 Minuten Gutes für sich tun kann. Es ist ein großer Unterschied, ob ich einfach auf den Knopf der Stereoanlage drücke und mich berieseln lasse, oder ob ich bewusst eine bestimmte Musik für mich auswähle oder eine bestimmte Stelle in einem Buch, einem Comic für mich aufschlage. Selbstliebe kann kaum besser als durch eine solche bewusste Handlung gefördert werden.

Und zum Schluss erinnern Sie sich, wie Sie Krisen in Ihrem Leben bewältigt haben. Wie beim gleichmäßigen Schwingen eines Pendels ist in jedem Abschwung immer auch die Energie des Aufschwungs vorhanden.

Erziehungsvorschläge für Erzieher und Lehrer

Auch in der Schule können die Gefühle des Kindes in der Phase der Trauer angesprochen werden: »Du bist jetzt sehr traurig!« ist meist der Situation angemessener als »Das nächste Mal wird es besser!« Es gibt aber noch andere Wege, die Beziehung zu intensivieren. Schreiben Sie persönliche Bemerkungen unter die Arbeiten des Kindes und drücken Sie darin aus, wie sehr Sie seine individuelle Aufgabenbewältigung schätzen.

In der Klasse sind oft die Gleichaltrigen die besten Co-Therapeuten, die meist bereitwillig von eigenen Verlusterfahrungen berichten und als lebendige Hoffnungsträger nicht zu übersehen sind. Ermöglichen Sie dem Seelchen-Kind in Krisensituationen den Kontakt mit nahe stehenden Kindern. In dieser Zeit darf die engste Freundin, der beste Freund den Platz neben dem Kind einnehmen, auch wenn möglicherweise die Aufmerksamkeit für schulische Aufgaben leidet. Seien Sie nachsichtig auch mit den Tagträumen des Kindes im Bewusstsein, dass es in seinen Phantasiewelten Nahrung für die Seele tankt. Sprechen Sie dann mit den Eltern, wenn Sie den Eindruck haben, dass das Kind langfristig seine Lebensenergie nicht mehr wieder findet und in eine Depression abzugleiten droht.

Die Kindertypen im Ausklang der Krise

Wie wir bereits wissen, sind die beiden letzten Phasen der Zustimmung und Hoffnung relativ ruhige Zeiten ohne heftige Gefühle. In dieser Zeit wird das Geschehen Teil der eigenen Identität und die Gewissheit wächst, dass alles, was war, zu mir gehört und gewürdigt werden will.

In der Geschichte »Die drei Päckchen« macht ein Kind, das mit seinem Leben hadert und den Engel des Schicksals aufsucht, die befreiende Erfahrung, wie das Annehmen einer Lebensveränderung eine Neuorientierung ermöglicht. Sie können diese Geschichte Ihrem Kind vorlesen oder sie auch von ihm selbst lesen lassen.

Die drei Päckchen

Es war einmal ein Kind, das lebte in einer kleinen Hütte am Rande der Stadt bei seinen Großeltern. Da es sehr unglücklich war, blieb es schmächtig und unansehnlich. Niemand mochte mit ihm spielen. In der neuen Schule, in die es seit seinem Einzug bei den Großeltern ging, fühlte es sich fremd. Es hatte viel Angst dort und wäre am Morgen am liebsten in seinem Bett liegen geblieben. Oft dachte es, dass irgendetwas nicht richtig mit ihm wäre. »Warum können die anderen Dinge, die ich nicht kann?«, fragte es sich oft. »Warum haben die anderen Menschen Dinge, die ich nicht habe?«

Eines Tages träumte ihm vom Engel des Schicksals, der in einem goldenen Schloss lebte und bei dem sich die Menschen ihr Lebens-Los aussuchen konnten. Da machte es sich eines Nachts auf den Weg zum Schicksalsengel. Es lief und lief und lief durch schaurige Wälder, über steile Berge, es durchquerte reißende Flüsse und tiefe Seen und *folgte immer dem Schlage seines Herzens*.

Nach langer Reise sah es schließlich im Licht der aufgehenden Sonne das Schloss. Ein wunderbarer Regenbogen war darüber ge-spannt wie eine Schutz spendende Brücke, und viele Lichtgestalten bewachten das Schloss, in welchem das Schicksal aller Menschen aufbewahrt war. Als das Kind an das große Tor klopfte, sprang dieses auf, und es stand in einem riesigen, hohen Saal. Es wunderte sich sehr, wie leicht alles ging. Hier waren unendlich viele Päckchen zu Haufen aufgetürmt, in Regalen und großen Kästen. Da gab es Päck-chen in allen Farben: rote, gelbe, violette, grüne und auch tiefschwar-ze. Manche leuchteten, andere waren stumpf und abgenutzt. Man-che Päckchen trugen einen Namen, andere hatten leere Schilder.

Am Ende des Saales saß auf einem Kissen der Engel des Schicksals. Er hatte Flügel, die wie Kristall leuchteten, und ein ernstes Antlitz mit sanften gütigen Augen. Freundlich blickte er das Kind an. Das Kind verneigte sich und bat darum, sein altes Schicksalspäckchen zurück-geben zu dürfen und sich ein neues auszusuchen. Der Engel erlaubte ihm, drei Päckchen auszuwählen.

Das Kind verbrachte eine lange Zeit in dem großen Saal. Es wog unzählige Päckchen in seiner Hand, betrachtete die Farben und die Verschnürungen und las die Namen. Alles sollte zusammenstimmen:

Gewicht, Größe, Form und Farbe. Schließlich hatte es drei Päckchen, die nicht nur einzeln seinen Gefallen fanden, sondern auch gut zusammenpassten. Es bedankte sich bei dem Engel und trat den Heimweg an.

Am Morgen fand es sich in seinem Bett wieder, neben sich die drei Päckchen aus dem Schloss des Schicksalsengels. Mit aufgeregten Händen löste es die Schnüre. Das erste Päckchen beschrieb es selbst: die schwere Veränderung in seinem Leben, seinen Umzug zu den Großeltern, seine Schwierigkeiten in der Schule und seine Einsamkeit unter den neuen Kindern. Nach aller Prüfung der Päckchen im Saal des Schicksalsengels hatte es für sich genau das Leben gewählt, das es jetzt führte! Enttäuscht warf es das Päckchen aus dem Bett.

Aber es hatte ja noch zwei Wahlen. Das zweite Päckchen war rasch aufgeschnürt. Es enthielt in einer großen Wolke nur zwei Worte:

zustimmen – annehmen

Da warf es auch dieses Päckchen voll Zorn aus dem Bett und wendete sich dem dritten zu. Auf einem großen farbigen Regenbogen, so wie es einen über dem Schicksalsschloss gesehen hatte, stand nur ein Wort:

Hoffnung

Das Kind atmete tief die Morgenluft ein und ließ alle Müdigkeit der Nacht ausfließen. Es sprang aus dem Bett, sammelte die Päckchen ein und versteckte sie an einem Platz, den nur es selbst kannte. Dann stellte es sich ans Fenster. Draußen schien die Sonne, die Vögel sangen und die Blumen schienen ihm freundlich zuzunicken. Weit öffnete das Kind seine Arme und fühlte, wie Licht und Hoffnung in es einströmten. *»Heute wird ein schöner Tag!«*, dachte es und öffnete die Tür.

Alle Kindertypen brauchen Hilfe bei der versöhnenden Interpretation der Vergangenheit, damit der Verlust seinen Platz in der eigenen Lebensgeschichte findet. Sie wünschen sich zu diesem Zeitpunkt aber auch Zuhörer, mit denen sie ihre Zukunftsvisionen teilen können.

Anmerkungen

1. David Keirsey u. Marilyn Bates: *Versteh mich bitte. Charakter- und Temperament-Typen,* Del Mar: Prometheus Nemesis Book Company 1990
2. Stages: *Education for Families in Transition,* Irvine, California: Irvine Unified School District
3. Klaus Hurrelmann: »Die alten Kinder«, in: *Psychologie Heute,* Heft 10/1994
4. Neil Postman: *Das Verschwinden der Kindheit,* Frankfurt/M.: S. Fischer 1986
5. *Süddeutsche Zeitung* vom 29. Januar 1996
6. Rolf Oerter: *Psychologie des Spiels. Ein handlungstheoretischer Ansatz,* Weinheim: Psychologie Verlags Union 1993
7. Dorothea Dieckmann: *Kinder greifen zur Gewalt,* Berlin: Rotbuch 1994
8. *Süddeutsche Zeitung* vom 29./30. August 1992
9. Klaus Hurrelmann: »Die alten Kinder«, a.a.O.
10. Abraham H. Maslow: *Motivation und Persönlichkeit,* Reinbek: Rowohlt-TB 1981
11. Violet Oaklander: *Gestalttherapie mit Kindern und Jugendlichen,* Stuttgart: Klett-Cotta 1993
12. Robert Kegan: *Die Entwicklungsstufen des Selbst. Fortschritte und Krisen im menschlichen Leben,* hrsg. von Detlev Ganz, München: Kindt 1991
13. Jean Piaget: *Das Weltbild des Kindes,* München: dtv 1988
14. C.G. Jung: *Gesammelte Werke. Band 6: Psychologische Typen,* Zürich/Stuttgart: Rascher 1921/1960
15. Isabel Briggs-Meyers: *The Meyers-Briggs Type Indicator,* Palo Alto: Consulting Psychologist Press 1962
16. David Keirsey u. Marilyn Bates: *Versteh mich bitte,* a.a.O.

17. Violet Oaklander: *Gestalttherapie mit Kindern und Jugendlichen*, a.a.O.

18. Hartmut von Hentig: *Die Schule neu denken*, München: Hanser 1993

19. Zum Beispiel Erich Ballinger: *Lerngymnastik 1 und 2. Bewegungsübungen für mehr Erfolg in der Schule*, Wien: hpt-breitschopf Verlagsgesellschaft 1995

20. Violet Oaklander: *Gestalttherapie mit Kindern und Jugendlichen*, a.a.O.

21. Elisabeth Kübler-Ross: *Interviews mit Sterbenden*, Gütersloh: Gütersloher Verlagshaus 1992

22. Thomas Gordon: *Familienkonferenz*, München: Heyne 1994